Bettina Müller

DANDYS DIEBE DELINQUENTEN

Verbrecher in Berlin

ELSENGOLD

Bildnachweis

akg-images: 49, 87 (TT News Agency/SVT), 147 (Mondadori Portfolio/Archivio GBB) 153, 161, 172 , 182 – **Archiv Bettina Müller**: 19, 44, 62, 75 (Altonaer Nachrichten vom 24. September 1927), 78 (aus dem Ausstellungskatalog zur Internationalen Polizeiausstellung 1926), 93, 100 (Zeichnung von Elek Barna aus: E. Engelbrecht, Fünfzehn Jahre Kriminalkommissar) – **NYC Health Department**: 57 – **picture-alliance**: 110 (ullstein bild), 133 (ullstein bild) – **ullstein bild**: Umschlag

Impressum

Gestaltung: Mario Zierke, Berlin

Printed in the Czech Republic

ISBN 978-3-96201-112-3

www.elsengold.de | www.wasmitgeschichte.de

EINLEITUNG 06
VOM BESCHAULICHEN BERLIN ZUM CHICAGO DEUTSCHLANDS (1890–1933)

ICH BIN IMMER EIN ANDERER 36
GEORGES MANOLESCU: FÜRST DER DIEBE

DER KRUG GEHT SO LANGE ZUM WASSER, BIS ER BRICHT 50
MAX SCHIEMANGK: HOCHSTAPLER

KARPFENKLAU UND KLUNKERSUCHT 61
FRITZ LANDAU: JUWELENDIEB

ERSCHRECKEN SIE NICHT! ERSCHRECKEN SIE DOCH! 71
FRITZ WALD: FASSADENKLETTERER

DER JAGDSCHEIN AUS DER IRRENANSTALT 84
ANNI SANNECK: HOCHSTAPLERIN

MORPHIUM FÜR DIE SCHMERZENDE SEELE 98
ROSE GENTSCHOW: GEWOHNHEITSDIEBIN

KÖNIG DER EINBRECHER 108
EMIL STRAUSS: GENTLEMAN-VERBRECHER

MERKWÜRDIGE MISCHPOKE 126
HELENE SPANIER, LUDWIG LEWY UND MATROSEN-WILLI: VERBRECHER-ZWECKGEMEINSCHAFT

DIE POLIZEI, DEIN FREUND UND MÖRDER 139
BRUNO GERTH: WACHTMEISTER MIT WÜRGEGRIFF

OHNE TAMTAM KANN ICH NICHTS MACHEN 152
JOHANNES SPRUCH: JUWELENRÄUBER

DIE BLUMEN DES BÖSEN 167
DR. BRUNO SCHREIBER: PHILOLOGE AUF ABWEGEN

TAXI INS JENSEITS 176
DER „NASSE FISCH“: EWALD VON SCHALEPANSKIS LETZTER FAHRGAST

LITERATUR UND QUELLEN 187

EINLEITUNG

VOM BESCHAULICHEN BERLIN ZUM CHICAGO DEUTSCHLANDS (1890–1933)

Oh, Berlin ist groß, und sein Gewand schillert in tausend Farben. Hier ist seine Schönheit gepriesen und dort seine Häßlichkeit verachtet. Hier in diesem Winkel berühren sich alle Gegensätze, reiben sich Armut und Laster, Reichtum und Elend.

Die Großstadt zu Kaisers Zeiten. Mitunter ein lasterhafter Ort, an dem sich der wackere Provinzfriseur „Kubinke" aus Georg Hermanns gleichnamigen Roman nicht behaupten kann. Er scheitert an seinen Wünschen und Träumen, geht in den Irrwegen der Straße, aber auch seiner Psyche verloren. Desillusioniert erhängt er sich am Ende, haucht sein Leben einsam im Dunkel der Nacht aus. Er ist eigentlich kein schlechter Mensch und schon gar kein Verbrecher. Aber auch er wird vom Sog des Molochs verschluckt und kann sich des zermürbenden Mahlwerks der Stadt, das die Menschen reihenweise verschleißt, nicht erwehren. Den Spagat zwischen Lebensgier auf der einen Seite und Lethargie auf der anderen nicht schaffen. Und keiner ist vor dem Abstieg gefeit, auch nicht der brave Bürger. Und genau dieses Dilemma, ein kollektives Déjà-vu, sollte sich in den 1920er-Jahren wiederholen. Die Menschen mussten mitunter wichtige Entscheidungen treffen, zum Beispiel, ob sie auf dem Pfad der Tugend bleiben oder ihn verlassen wollten, um in die Abgründe der Kriminalität hinabzusteigen. In das Ungewisse, in den Untergrund, schnurstracks zu denen, die die Gesetze kontinuierlich missachteten. Derer gab es ausgesprochen viele, darunter auch heute völlig vergessene Kriminelle, deren Straftaten schon länger zurückliegen und die es auch nicht in ein vor über 50 Jahren im Kriminalistik-Verlag erschienenes, sehr umfangreiches Kompendium namens *Verbrecher von A–Z* geschafft haben. Von den Herrschaften, die im vorliegenden Buch posthum auf dem Papier versammelt wurden, findet man in jener Zusammenstellung lediglich die Namen Manolescu und Strauß. Doch was war mit den Nichtgenannten, waren auch sie Opfer ihrer Zeit? Ihnen das als pauschale Rechtfertigung für ihre Taten zuzugestehen, wäre natürlich falsch. Gemeinsam hatten sie außer ihren kriminellen Neigungen vor allem eines, und das war Berlin. Manche waren dort zur Welt gekommen oder sie hatten die Großstadt zu ihrem bevorzugten Jagdrevier erkoren. Andere wiederum gaben nur ein kurzes „Gastspiel" und verschwanden wieder von der kriminellen Bildfläche, wenn ihnen der Boden unter den Füßen zu heiß geworden war. So wie Herr Manolescu, mit dem wir unsere Reise durch die Welt der Verbrecher beginnen wollen, um dann mit ihm und seinen geistigen Nachfahren auch einen Bogen vom kaiserlichen Glanz zum glitzernden Licht der Weimarer Zeit zu schlagen, das bei Weitem nicht alle erhellte. Nur kurz war das Gastspiel des illustren Herrn in der Stadt, aber dieser Hochstapler galt als eine Art „Star" der Szene, sodass er ein leuchtendes Vorbild für viele Kriminelle gewesen sein mag, zu dem man bewundernd aufschaute. Wie haben wohl um die Jahrhundertwende Berliner Kriminelle auf die Nachricht reagiert, dass Manolescu in der Stadt war? Zuckten sie mit den Schultern oder verbreitete sich die Nachricht wie ein Lauffeuer? Flüsterte man in den Budiken, Kneipen und Destillen bereits ehrfürchtig seinen Namen und wartete darauf, dass er zur Tür hereinrauschte? Zumindest Manolescus Hehler des Vertrauens vor Ort, der ominöse „Prinz Nikotin", dürfte kein Unbekannter im Milieu gewesen sein, musste er doch die Beute des „Meisterdiebs" vor Ort zu Geld machen. Und dafür brauchte man ein gut funktionierendes Netzwerk, dem man vertrauen konnte, Einzelgänger hatten in der Szene eher keine Überlebenschance.

Wir lassen es zunächst ruhig angehen, weil der fantasievolle und eitle Hochstapler, der oft auch als Dieb unterwegs ist, in der Regel nicht zur Gewalt neigt und eher als Erpresser oder Fälscher agiert, anstatt zu töten. Die Heimlichkeit, das ist sein Metier, sich in Hotels oder Pensionen einschleichen, um reiche Beute zu machen. Er weiß es als Einziger, und Wissen ist Macht. Er kann die Menschen nach Lust und Laune bestehlen, das verschafft ihm Befriedigung und motiviert ihn zu immer tollkühneren Taten. Somit kann der Leser sich erst einmal beruhigt zurücklehnen, denn in den ersten fünf Kapiteln geht es gemächlich zu, und es ist nicht damit zu rechnen, dass Blut fließt, was ihm gegen Ende des Buches allerdings nicht erspart bleiben kann.

Aber nun endlich einen Trommelwirbel und einen Tusch für den „Prototypen" des zeitlosen Hochstaplers, mit dem im ersten Kapitel der Reigen der Verbrecher eingeläutet werden soll: Manolescu! Sein Name allein war unter der Regentschaft des Kaisers ein Garant für ein gepflegtes Schaudern, das die Menschen durchfuhr, wenn sie wieder einmal von dem neuesten Coup des legendären rumänischen Verbrechers in ihrem Leibblatt lasen. Und das Dienstmädchen, das manch einem die Zeitung auf dem Silbertablett überreichte, sah dann auch immer etwas blass um die Nase aus. Doch in der Regel erfuhr man zu dieser Zeit nichts von allzu vielen und besonders grausamen Mordtaten. Gegen Ende des 19. Jahrhunderts dominierten vor allem Diebstähle aller Art die Kriminalitätsstatistiken, schwere Verbrechen wie Raub und Mord hatten noch keine Hochkonjunktur, eher galten Betrüger und Hochstapler als Kapitalverbrecher. Im fortschrittlichen Berlin war die Verbrecherwelt zu dieser Zeit schon munter damit zugange, sich möglichst effizient zu organisieren. 1890 wurde in Berlin der „Verein ehemaliger Strafgefangener e.V." gegründet, aus dem später die Bruderschaften der Berliner Unterwelt entstehen sollten: die berühmt-berüchtigten Ringvereine, gegründet von Menschen, die sich auch als Interessenvertretung der Entwurzelten und Außenseiter der Stadt verstanden. Noch aber war alles eher beschaulich, geradezu gemächlich. 1891 wurden gerade einmal 17 Personen wegen Mordes oder Mordversuchs verurteilt, und auf der Rangliste der gefährlichsten Orte im ganzen Land lag Berlin auf Platz zehn. Und 22 Morde innerhalb von zehn Jahren bei einer Einwohnerschaft von eineinhalb Millionen Menschen, das war wiederum „vorbildlich". Man hatte im strammen Preußen also eigentlich alles unter Kontrolle, zumindest was die Verbrecherwelt in Berlin anging. Der Tag begann dennoch durchaus kriminell, allerdings zumeist nur auf dem Zeitungspapier.

Dem umtriebigen Manolescu haftete zudem ein besonders internationales Flair an, was ihn noch verruchter und interessanter machte, vor allem aufgrund seiner zahlreichen Paris-Aufenthalte, die natürlich keineswegs touristischen Zwecken dienten. Insgeheim bewunderte man ihn beim opulenten Frühstück – solange man selbst nicht das Opfer wurde – für seine überbordende Chuzpe und seine Dreistigkeit, mit der er die Behörden lange Zeit narren konnte.

Natürlich bestand die Welt des Verbrechens in Berlin nicht nur aus einheimischen Delinquenten. Ein Hochstapler/Dieb/Betrüger ist zugleich auch immer ein Seismograf für gesellschaftliche Missstände, ein Spiegelbild der Gesellschaft, in der er lebt, und die wurde nach dem Ersten Weltkrieg immer internationaler und schnelllebiger, bis sie sich in den 1920er-Jahren fast überschlug. Kriminalität ist zwar in gewisser Weise zeitlos, es wird sie immer geben, die Menschen werden das Potenzial, anderen zu schaden, immer in sich tragen. Der Verbrecher an sich, der letzten Endes seine kriminellen Impulse nicht zügeln kann, aber auch seine ganz individuelle

Wahl der Verbrechensart unterliegen jedoch gewissen sozialen, psychologischen und psychopathologischen Gegebenheiten, die sich wandeln und so auch die Kriminalität verändern oder verstärken können.

Um die Jahrhundertwende, als Manolescu und seine „Brüder im Geiste“ aktiv waren, war die Gesellschaft streng hierarchisch aufgebaut. Wer nun aus seiner „Kaste“ ausbrach, war in gewisser Weise sehr mutig, ein Rebell, der sich nicht zuletzt auch einem traditionellen Rollenmuster als Ernährer einer Familie komplett verweigerte. Kamen dann etwa noch schauspielerisches Talent, übersteigertes Selbstbewusstsein sowie großes Geltungsbedürfnis hinzu, entstanden falsche Offiziere, Generäle, Gräfinnen und Pseudo-Adlige, die massiv Eindruck schindeten und ihre Umwelt einschüchterten. Sie hielten die Menschen mit blumigen, freundlichen oder auch zackigen Worten und überlegenen Gesten geschickt in Schach, um sie dann hinterrücks erfolgreich zu betrügen. Im Laufe der Zeit kamen noch etliche andere Ursachen hinzu, die diesem Verbrechertypus zur zweifelhaften Popularität verhalfen. So wird der Jahrtausendwechsel in Verbindung mit dem rasanten technischen Fortschritt Ende des 20. Jahrhunderts sich verunsichernd auf die Gemüter ausgewirkt und sie anfälliger gemacht haben für Krisen, aber eben auch für Verbrecher aller Art. Heute forscht man in diesem Zusammenhang zum Thema „Resilienz“. Damals zerbrachen sich Kriminalpsychologen die gelehrten Köpfe, um das Innenleben der Delinquenten zu durchschauen, bemühten Theorien wie zum Beispiel die vom „geborenen Verbrecher“ des Cesare Lombroso, der davon überzeugt war, dass man einen typischen Verbrecher bereits an seinem Äußeren erkennen könne. Noch 1930 sollten zwei Ärzte der „Irrenanstalt“ Herzberge, die Doktoren Franz Alexander und Franz Bierbaum, anlässlich des Ersten Kongresses für Geisteshygiene in Washington D.C. ihre zweifelhafte Erkenntnis mitteilen, dass a) 75 Prozent aller Bettler, Vagabunden und Diebe geisteskrank seien, und b) alle Menschen als Verbrecher geboren werden und erst durch die

Erziehung anders würden. Die Berliner Verbrecherwelt lachte herzlich über diese weltfremde Aussage, zeigte mit dem Finger auf ihre Ahnentafeln und rief aus: „Die sind schuld, nicht wir!" Und auch der Kriminologe Erich Wulffen mag darüber geschmunzelt haben, denn er schrieb in einem kriminalpsychologischen Aufsatz: „Nur wenn wir die verbrecherische Handlung als Ausfluß und Bestandteil des menschlichen Seelengebildes in seiner Totalität aufsuchen, erhalten wir psychologische Wahrheit." Heute weiß man, dass eine genetische Prädisposition einen Menschen nicht automatisch zum Kriminellen macht. Misshandlung, Missbrauch und Vernachlässigung in der Kindheit spielen viel eher eine Rolle. Und Kinder- und Jugendkriminalität machen aus einem Menschen nicht automatisch einen Gewohnheitsverbrecher, sondern können auch als mehr oder weniger normale Begleiterscheinung der Entwicklungsphase angesehen werden.

Fast alle Täter, über die in diesem Buch berichtet wird, haben tatsächlich auch eine psychologische Begutachtung durch einen oder mehrere gerichtlich bestellte Ärzte über sich ergehen lassen müssen. Doch das Erkennen einer psychischen Krankheit bei dem einen oder anderen ist naturgemäß noch lange kein Garant für eine Heilung. Die Autorin hat sich daher bei jedem Delinquenten die Frage gestellt: Was wurde aus ihm oder ihr nach der Verhaftung und Verurteilung? Nachdem vor allem die Presse das Interesse an ihnen und ihren mitunter seltsamen psychischen Irr- und Abwegen verloren hatte, verschwanden sie zumeist aus den Schlagzeilen. Wie erging es ihnen, nachdem sie von grimmigen Polizeibeamten in ihre dunkle und einsame Zelle zurückgeführt worden waren und man das kleine Sichtfenster mit lautem Knall zuschlug? Und was machte die Haftzeit mit ihnen? Fanden sie danach wieder auf den Pfad der Tugend zurück oder waren sie unwiderruflich in der dunklen Welt des Verbrechens und den seltsamen Sphären ihrer düsteren Gedanken verloren gegangen? Welche Rolle spielten das familiäre Umfeld, die Lebensbedingungen in den frühen Jahren der Entwicklung zum Heranwachsenden, dessen Übergang zum Delinquenten meist schleichend erfolgte? Viele Fragen, die oftmals gar nicht mehr zu beantworten sind, vor allem dann nicht, wenn die Quellenlage dürftig ist. Oft ist man jedoch erstaunt, denn zumeist gerieten ausgerechnet diejenigen auf die schiefe Bahn, die aus einem gesitteten und gut situierten Elternhaus kamen.

Ein Verbrecherleben, wie es sich an dieser Stelle mehrfach darbietet, ist seltsam und sicherlich recht anstrengend. Auf jeden Fall kommt der Delinquent wohl nie zur Ruhe. Mal taucht er hier auf, dann wieder dort, eigentlich ist er immer unterwegs und auf der Flucht vor der Justiz. Ist er irgendwo angekommen, schaltet er instinktiv sein Radar ein, schaut mit großen Augen vermeintlich unschuldig in die Runde und fragt sich: Wo gibt es etwas Lohnenswertes zu stehlen? Wen kann ich am besten neppen oder berauben? Wen lohnt es zu betrügen? Ständig befindet er sich aber auch auf der Hut vor allzu neugierigen und misstrauischen Zeitgenossen, die ihn durchschauen und enttarnen könnten. Manolescu meisterte auch diese Situationen mit Bravour und wurde so pauschal zu einer Art „Role Model“ für alle Verbrecher, für all die Hochstapler und Möchtegern-Hochstapler, Einsteigediebe, Ausbrecher, für falsche Gräfinnen wie Annie Sanneck und wie sie alle hießen – die Liste ließe sich noch endlos fortführen. Aber war dieser zweifelhafte Titel im Universum des kriminellen Milieus auch rechtens, der lotterhafte Lorbeerkranz auch wirklich verdient? Geistige Nachfahren hatte Manolescu tatsächlich viele, die den kriminellen Impuls mehr oder weniger geschickt in die Tat umsetzten. Einer dieser Anwärter auf die Thronnachfolge war der heute völlig vergessene Brandenburgische Hochstapler und Bigamist Max Schiemangk, der damals ebenfalls regelmäßig die in- und ausländischen Tageszeitungen mit Sensationsmeldungen füllte, und um den es deswegen im zweiten Kapitel dieses Buches geht, weil auch er die Hauptstadt nicht von seiner zeitweiligen Anwesenheit verschonte.

Max Schiemangk hatte mit Manolescu einiges gemeinsam, das bringt der „Beruf" des Hochstaplers nun einmal mit sich: die absolute Rastlosigkeit, die überbordende Energie, die niemand zügeln und in geordnete Bahnen lenken konnte und die ihn sogar bis an das andere Ende der Welt führten. Und den auch die neue Staatsform in Deutschland nach dem Ende der Monarchie nicht sonderlich beunruhigte, weil er genügend Selbstvertrauen hatte, um sich auch auf diese Situation flexibel einzustellen. Er agierte ganz selbstverständlich auch im Ausland und wagte nonchalant den Sprung über den Großen Teich. Ein internationaler Hochstapler, das war allerdings eher eine männliche Domäne in einer Zeit, in der allein reisende Frauen eine Seltenheit waren. Sie hatten dafür andere Möglichkeiten, ihre Mitmenschen zu täuschen. Aber auch die Lügen waren bei allen Hochstaplern – männlich wie weiblich – vermutlich auch schon in ganz jungen Jahren eine Selbstverständlichkeit und ein inneres Bedürfnis, geradezu ein zwanghafter Drang. Möglicherweise hatte man ihnen das Schwindeln im Elternhaus vorgelebt, und sie hatten dieses Verhaltensmuster übernommen und schamlos verstärkt. Im Erwachsenenalter folgte dann der pathologische hemmungslose Selbstbetrug, das Aufrechterhalten einer falschen Fassade, völlige Verantwortungslosigkeit, eisige Gefühlskälte, ein wahres Potpourri an negativen Eigenschaften, die nach außen hin zumeist mit großem Charme überspielt wurden. Immerhin, sie waren zwar ohne Gewissen, aber oft auch ohne den Impuls zum Morden, den Affekt zum Töten. Dennoch existierten Schamgrenzen und Moral in dieser Parallelwelt der Hochstapler nicht. Sie haben kein Gewissen, sind somit in gewisser Weise auch Psychopathen. Doch diese absolute Grenze, das Töten eines anderen Menschen, verursacht Hochstaplern keine Befriedigung. Sie wollen das andere Leben nicht auslöschen, sondern es beeinflussen, beeindrucken, manipulieren. Es täuschen, betrügen und belügen. Die Ordnung der Dinge bewusst zerstören, Aufmerksamkeit erregen. Und das mit großer Freude. Auch Schiemangks

Leben geriet zu einer endlosen Abfolge von Straftaten, manchmal unübersichtlich, undurchsichtig, aber zugegeben immer ungemein spannend. Und vor allem er nutzte die Gunst seiner Zeit: den Hang der Menschen zum Militarismus, die Ehrfurcht vor der Uniform, die den Mann, der sie trug, fast schon automatisch zu einem Übermenschen erhöhte, vor dem man ehrfürchtig erstarrte und bei dem man vor allem nichts von dem anzweifelte, was er sagte. Und damit hatte er gerade in Berlin den meisten Erfolg, spazierte wie ein Pfau auf dem Tempelhofer Feld herum und ließ sich vom ehrfürchtigen Publikum, das ihm die Rolle abnahm, bestaunen, begaffen und bejubeln. Für diese flüchtigen Momente leben die Hochstapler, die sich stets nach der Welt des schönen Scheins sehnen.

Das Leben von Fritz Landau, einem weiteren erfolgreichen Betrüger mit Hang zu Juwelen, wird im dritten Kapitel des Buches beschrieben. Auch er ist eigentlich eine tragische Gestalt, die anfangs den Wandel der Gesellschaft durch die veränderten politischen Gegebenheiten mühelos und unbeschadet überwinden kann. Sie spielen für ihn keine Rolle, er ist Hedonist und Egoist und somit in seinen ganz eigenen geistigen Sphären unterwegs, in denen er keine anderen Menschen braucht. Er ist ein Chamäleon und kann sich flexibel auf neue Gegebenheiten ein- und umstellen. Wir verfolgen zunächst den typischen kriminellen Lebenslauf, der denen der anderen frappierend ähnelt: frühe Diebstähle, Lügen, Ortswechsel, Länderwechsel. Die ersten Gefängnisstrafen schockieren die Umwelt, dann gibt es keinen Weg mehr zurück, und der impulsive und rücksichtslose Lebensstil manifestiert sich. Sein Umfeld ist, wie so oft, gediegen, die Familie in der Heimatstadt angesehen. Einen Grund, sich auf die schiefe Bahn zu begeben, gab es bei ihm oberflächlich gesehen nicht, materiell fehlte es ihm eigentlich an nichts. Dennoch gelang es der Familie nicht, die kriminellen Impulse, wenn sie sie überhaupt erkannten, abzufedern. Doch was macht der Hochstapler und „Meisterdieb“ eigentlich, wenn er älter wird, wenn er krank wird, und zwar unheilbar, und nicht mehr in der Lage ist, seine Umwelt zu manipulieren? Mit einer schweren chronischen Erkrankung, die die Bewegungsfähigkeit völlig einschränkte, war auch Fritz Landaus Karriere und damit auch sein Leben so gut wie beendet. Ohne das Hochstapeln war ein Fritz Landau nichts, das war seine Identität, sei es nun unter dem Zepter eines Königs, Kaisers oder in einer demokratischen Staatsform. Nahm man sie ihm, beraubte man ihn seines „Ichs" und somit auch seines Lebenswillens – so eng verbunden, geradezu verwachsen, sind die Hochstapler mit ihrer Rolle beziehungsweise mit ihren Rollen.

Gehörten die ersten drei Verbrecher nicht der einheimischen Berliner Verbrecherzunft an und hatten sich eher durch ihr Schicksal unbekümmert in die „Metropole des Verbrechens" treiben lassen, so tauchen wir mit Fritz Wald schließlich ganz in die Welt des Verbrechers der 1920er-Jahre in Berlin ein. Fritz Wald hatte in seiner Glanzzeit schnell das Fassadenklettern für sich entdeckt, dies aber mit Stil. Fast ist dieser Fritz Wald tatsächlich ein wenig sympathisch, wenn man von ihm liest. Wenn er vor Gericht in den Saal hauchte, dass er ja seine Opfer stets höflich und zuvorkommend behandelt habe, dürfte das Publikum fast gerührt gewesen sein. Oder wenn er überzeugend ausrief, dass er ihnen nie Gewalt angetan hätte. Auch seine Beweggründe waren beinahe herzerfrischend: Er wollte mit dem erbeuteten Geld ein Geschäft aufbauen. Aber wie naiv und irgendwie auch gutmütig muss er gewesen sein, dass er sich nicht seiner skrupellosen Hehler hatte erwehren können, die ihn regelmäßig betrogen, sodass seine Ausbeute im Verhältnis zum Aufwand eigentlich verschwindend gering war? Sein Projekt war also zum Scheitern verurteilt, das konnte der Verbrecher, der er nun einmal trotz aller gepflegten Dezenz war, mit seinem wenig durchdachten Plan, bei dem er keinerlei Widrigkeiten mit einbezogen hatte, selbst nur nicht erkennen. Dafür fehlte ihm nicht zuletzt auch die nötige Raffinesse – die Moral war ihm sowieso irgendwann unterwegs abhandengekommen. Seine überbordende Energie hingegen, die er ganz offensichtlich besaß und die ihn frisch und fröhlich die Hauswände erstürmen ließ, hätte er an anderer Stelle zum allgemeinen Wohl der Gesellschaft anstatt zu ihrem Schaden einsetzen können. Dennoch schien ihn sein Dilemma nicht weiter zu stören, im Gegenteil. Dieser Delinquent war ebenfalls jemand, der sich in der Aufmerksamkeit sonnte und das Abenteuer geradezu suchte, und das vor allem im Dunkel der Nacht, wenn die braven Menschen schlafen und das Verbrechen zum Leben erwacht.

Den Ersten Weltkrieg und die deutsche Revolution haben wir nun längst hinter uns gelassen, aber nur auf dem Papier, die Auswirkungen sind jedoch noch lange Zeit spürbar. Längst heißt die Staatsform nun Demokratie, doch unter den Spätfolgen des gravierenden Umbruchs und den daraus resultierenden sozialen Missständen leiden Staat und Menschen noch jahrelang, was nicht ohne Folgen bleiben kann. Das Leben ging weiter, doch viele Menschen blieben dabei auf der Strecke, unwiderruflich besiegt unter anderem durch Armut, Alkoholsucht oder Krankheit, ihre Widerstandsfähigkeit zerstört.

Neue Kräfte sind am Werk, denen manche Menschen nichts mehr entgegensetzen können. Die Ursprünge liegen unter anderem auch in der zunehmenden Technologisierung in Verbindung mit den leidvollen Erfahrungen des Ersten Weltkriegs. Hinzu kommen bei vielen Menschen ein daraus resultierendes Gefühl der Entrechtung und Knechtung sowie der Machtlosigkeit gegenüber einer zunehmenden Herrschaft des Materialismus, der die Menschheit spaltete und auch zu einem Nährboden für das Verbrechertum wurde. Prägnante Täter und Taten sind das Resultat, unfassbar und unbegreiflich und dann zunehmend brutal und verstörend, als sich Wertvorstellungen zunehmend auflösen, sich im Rausch der immer schneller werdenden Zeit verlieren, bis man sie schließlich ganz aus den Augen verliert oder die Genusssucht, vor allem in der Phase der Entspannung der Republik, sie völlig verdrängt. Der Übergang vom Ersten Weltkrieg in die Zeit danach ist nahtlos: Verbrechen, Korruption, Vergnügungssucht dringen aus dem

Verborgenen ins Rampenlicht, und zwar ohne Scheu, und erschüttern das Gemeinschaftsleben erneut zutiefst.

Das Jahrzehnt hat auch mit einem rasanten Anstieg der Kriminalität begonnen, und zwar „in erschreckendem Maße", wie der Schriftsteller und Journalist Leo Heller in seinen *Berliner Razzien* schrieb. Der Moloch Berlin ist nun auch im Ausland als eine Art Sodom und Gomorrha verpönt: lasterhaft, verdorben, verrucht. Frauen drängen verstärkt auf das kriminelle Parkett, oft sind es Hochstaplerinnen, die als falsche Adlige unterwegs sind und so ihre Opfer neppen. Wie Anni Sanneck und Rose Gentschow, denen die Kapitel fünf und sechs gewidmet sind. Wir reisen mit ihnen weiter durch die zutiefst unmoralische, aber überaus spannende Welt der Kriminalität. Die legendäre Betrügerin Anni Sanneck bewegt sich in dieser Zeit im Dunstkreis der menschlichen Abgründe, ist stets auf der Suche nach potenziellen Opfern, die sie neppen kann. Eine bürgerliche Lebensform ist für sie schon lange außer Reichweite, obwohl sie die Intelligenz und das Auftreten dafür besitzt. Berlin ist ihr Wohnort, doch auch sie ist jederzeit flexibel und mobil und reist unter Umständen in andere Orte in Deutschland. Sie glänzt durch ein einnehmendes Wesen und gepflegtes Äußeres, imitiert in ihrer Körpersprache und einer hochtrabenden Sprache, die sie sich über einen langen Zeitraum antrainiert hat, eine Dame von Adel und von Welt. Die Rolle spielt sie meisterhaft, sie blendet, überzeugt, betrügt. Dabei stellt sie sich extrem schnell auf neue Gegebenheiten ein, wechselt auch schon einmal unbekümmert ihren „Wirkungskreis", es ist auch diese Furchtlosigkeit, die durchaus imponieren kann. Doch dann gibt es diese Momente, in denen sie die Contenance verliert, und dies zumeist vor Gericht, wenn sie unter Druck steht. Sie weiß, dass das Publikum und die Presse immer schon gespannt

Der Autor und Journalist Leo Heller tauchte für seine Reportagen tief in die Berliner Unterwelt ein. Foto, um 1927

auf die Gerichtsauftritte der stadtbekannten Betrügerin warten, weil sie ahnen: Jetzt wird es „sensationell“. Dann kann es schon einmal passieren, dass das Gerichtsgebäude wegen des großen Andrangs Neugieriger abgesperrt werden muss. Und Anni gibt ihnen, was sie wollen, ein zweifelhaftes Futter, geboren aus einer psychischen Störung, deren Anfang sich zeitlich nicht mehr genau rekonstruieren lässt. Sie randaliert, pöbelt, schlägt schon einmal mit der Faust zu, beschimpft die Beamten, übergibt sich sogar, bis der Richter sie entnervt und streng zur Ordnung ruft. Für einen sehr kurzen Moment schweigt die notorische Kriminelle, doch in der Regel ist dies nur die Ruhe vor einem erneuten Sturm. Mit der Zeit verliert sich Anni in ihrer psychischen Erkrankung, die damals kein Thema war, um damit Schlagzeilen zu füllen. Das Publikum wollte „Menschen, Tiere, Sensationen", keine psychologischen Studien. In der Regel reichte den Gerichtsreportern daher damals die unspezifische Bezeichnung „geisteskrank" völlig aus, mehr brauchten die Leser nicht zu wissen. Der Richter klappte den Aktendeckel zu, die Delinquentin wurde abgeführt und verschwand wohin auch immer. Die Schlagzeilen ebbten sofort ab, das weitere Schicksal dieser Menschen interessierte nicht mehr. In Annis Fall war das Rauschgift Morphium der auslösende Faktor für den Abstieg in das Verbrechen. Aber war sie schon krank, als sie die Droge zum ersten Mal nahm, oder wurde sie es erst dadurch? Und hatte sie in einem Anfall von krankhafter Bewusstseinsstörung gehandelt und daher Straftaten begangen? Dies waren damals entscheidende Fragen, wenn es um § 51 Reichsstrafgesetzbuch ging, der einst über die Zurechnungsfähigkeit der Delinquenten entschied – ein Relikt aus der Kaiserzeit und in den 1920er-Jahren dringend überholungsbedürftig. Der Paragraf war seit jeher umstritten, da der Mensch unter Umständen vom Urteil eines einzigen Arztes abhängig war oder auch von mehreren, wenn die Fachleute sich nicht einig waren. Dennoch: Anni Sanneck war trotz allem auch eine starke Frau, eigenständig und selbstbewusst. Sie schaffte es, nach mehreren gescheiterten Versuchen mithilfe der Ärzte vom Morphium loszukommen, das gelang damals den Wenigsten. Doch es war zu spät: Letzten Endes musste sie durch ihre krankheitsbedingte Aufsässigkeit, der sie selbst nichts entgegensetzen konnte, den höchsten Preis zahlen, den es gibt: ihr Leben.

Dasselbe gilt in gewisser Weise auch für die diebische Elster Rose Gentschow aus Ostpreußen, der das nächste Kapitel gewidmet ist. Auch sie ist eine Betrügerin, die in Berlin unterwegs ist, doch sie ist bei Weitem nicht raffiniert oder selbstbewusst genug, um überzeugend eine Adlige zu spielen und sich souverän zwecks Betrügereien in diesen Kreisen zu bewegen.

So taumelt sie eher in den Kaschemmen und Spelunken, wie sie Leo Heller in seinen Werken so treffend beschrieben hat, dem Verderben und dem Abgrund entgegen – und schnell auch der Prostitution. Rose setzt auf ihre weiblichen Reize, um ihre Opfer zu ködern. Sind die in der Falle, werden sie mit Drogen betäubt und anschließend ausgeraubt. Doch Rose ist selbst eine schwer abhängige Verlorene der Stadt, die dem frühen Tod, der schon die Arme ausbreitet, geradezu fatalistisch entgegenläuft. Wie Anni Sanneck ist sie früh dem Morphium verfallen, das in den 1920er-Jahre zu einer regelrechten Seuche geworden ist. Mit gefährlichen Folgen: Menschen wie Rose wurden unwiderruflich zu Grunde gerichtet, die Spätfolgen des Drogenkonsums führten oft zu einem frühen Tod, wenn die Abhängigen es nicht rechtzeitig schafften, mithilfe einer Entziehungskur von der Droge loszukommen. Vielleicht ist ihr die langjährige Haftstrafe, zu der sie wegen des Totschlags eines Händlers, dem sie in einer Berliner Kaschemme versehentlich zu viel Opium in den Likör geschüttet hatte und der daran gestorben war, zum Verhängnis geworden. Die Zeitungen überschlugen sich damals zwar vor sensationslüsternen Prozessberichten, aber auch hier galt: Wenn der Kriminelle einmal von der Bildfläche verschwunden war und sich die Zellentür hinter ihm geschlossen hatte, interessierten sie sich nicht mehr für das weitere Schicksal des Menschen. Aus den Augen, aus dem Sinn. So wie Rose Gentschow, von der man nie wieder etwas hörte.

Wir verlassen die Welt der Hochstapelei, der Fassadenkletterer, der Betrüger und falschen Gräfinnen unter Drogen, um uns dem „Handwerk" zu widmen, das jedoch alles andere als ehrlich ist. Aber Tresore knacken und Türen auf wundersame Weise öffnen, das erfordert schon einiges an Spezialkenntnissen. Und der legendäre Ein- und Ausbrecher Emil Strauß aus Kapitel sieben war ein Meister dieses Fachs. Im Berlin der 1920er-Jahre kennt ihn jedes Kind. In dieser Tollhauszeit fällt er in der Unterwelt sofort auf: ein gut gekleideter Mensch, eben ein „Gentleman-Verbrecher", der sich von den billigen

Kaschemmen fernhält und lieber mit seinem ihm „geistig weit unterlegenen Bruder" Erich für sich bleibt, es sei denn, er begehrt weibliche Gesellschaft, dann wird dieser Grundsatz schnell über Bord geworfen. Auch diesem gebürtigen Berliner wird die lange Haftzeit zum Verhängnis, wenn auch aus anderen Gründen. Der intelligente Strauß bewies zunächst eine unglaubliche mentale Stärke und nutzte die Haftstrafe – er hatte 1919 in Berlin einen Polizisten erschossen –, um sich persönlich weiterzuentwickeln, nachdem er dem Verbrechen vollständig abgeschworen hatte. Ebenso findet er einen väterlichen Freund, der an seine verborgenen Fähigkeiten glaubt, und das ist ausgerechnet der Mann, der ihn hinter Gittern gebracht hat: Polizeioberwachtmeister Albert Dettmann, ein stadtbekannter und in Verbrecherkreisen als tüchtiger und vor allem volkstümlicher „Bulle" beliebt, der bei den einschlägigen Festen der Ringvereine schon einmal frenetisch den Taktstock schwingt, natürlich unter dem tosenden Applaus der begeisterten Ringbrüder. Doch ein Happy End sollte es für Strauß dennoch nicht geben. Die politischen Verhältnisse unter dem Hitler-Regime hatten auch zur Folge, dass Gewohnheitsverbrecher wie Strauß und viele andere Gefahr liefen, „ausgemerzt" und „liquidiert" zu werden. Und so fand auch Emil Strauß, der geläuterte Verbrecher, ein gewaltsames Ende. Dass Verbrecher Selbstzeugnisse hinterlassen, ist eher selten, Manolescu war da eine Ausnahmeerscheinung. Emil Strauß tat es ihm nach, er versuchte sich hinter Gittern sogar als Dichter und verfasste pathetische Reime. Der Bericht über seine Kindheit, den der Delinquent im Rahmen der Untersuchungen der Kriminalbiogischen Forschungsstelle schreiben soll, gewährt heutigen Lesern einen bewegenden Einblick in die Geschichte seines ganz persönlichen Abstiegs. Per Allgemeiner Verfügung des Preußischen Justizministeriums vom 29. Juli 1930 sollten diese Forschungsstellen an den Gefangenenanstalten in Berlin, Breslau, Münster in Westfalen, Köln, Wittlich, Frankfurt am Main, Preungesheim, Gollnow, Rheinbach und Halle an der Saale für kriminalbiologische Untersuchungen von Gefangenen eröffnet werden, wobei Berlin als Zentralstelle fungierte, die alle Forschungsergebnisse sammeln sollte.

Der Begriff „Gentleman-Verbrecher" ist zwar vor allem eine Bezeichnung für den aktiven und kreativen Hochstapler, wird aber in den zeitgenössischen Zeitungen und Zeitschriften auch auf andere Verbrechertypen wie Einsteigediebe oder Warenhausräuber angewandt. So wie eben der stets elegant gekleidete Emil Strauß, der diesen Sumpf des Verbrechens ebenfalls aus eigener Kraft verlassen hat. Er ist mental stark und kämpft auf seine Art und Weise gegen die in seinen Augen ungerechte Verteilung der Vermögensverhältnisse. Der Gentleman-Verbrecher kommt oft, aber nicht immer, aus einfachen Verhältnissen, aus den verschachtelten Großstadtwinkeln, schäbigen Mietskasernen, wo Massen von Menschen in sprichwörtlichen Löchern hausen, oft am Rande der Verzweiflung. Doch die kompensiert er geradezu meisterlich durch sein Auftreten. Gerade in der Reichshauptstadt, in der ein anderer Teil der Gesellschaft, nämlich der, der das nötige „Kleingeld" dafür hat, zahlreichen Vergnügungen huldigt, passt er in der Upper Class wie die Faust aufs Auge. Dort kann er zum Meister seiner „Zunft" werden, die Bewunderung braucht er wie die Luft zum Atmen. Die ersten ungewöhnlichen und neuartigen Exemplare dieses Verbrechertypus erscheinen auf dem glänzenden Tanzparkett und ziehen Nachahmer an, die ebenso auf die schwierigen Zeitumstände, vor allem in der ersten Phase der Weimarer Zeit, reagieren: elegante Kriminelle, die sich tollkühn in Frack und Zylinder die Hauswände hocharbeiten. Eine neue Unterkategorie ist entstanden, und die ist erst recht typisch für die 1920er-Jahre: der Fassadenkletterer, eine Tätigkeit, der auch Fritz Wald nur zu gerne huldigte. Geboren aus der Not heraus, dass die polizeilichen Maßnahmen zur Einbruchssicherung immer vollkommener wurden, das Berliner Polizeipräsidium sogar eine „Beratungsstelle gegen Einbruch" einrichtete, sodass man sich andere Möglichkeiten suchen musste, um erfolgreich in eine feudale Villa einzubrechen. Doch dem geneigten Leser stellen sich dabei mitunter auch Fragen, so zum Beispiel: Wäre eine praktische Arbeitskleidung nicht sinnvoller gewesen, um feudale Hauswände zu erklimmen? Natürlich, ja, aber wie unglamourös ist das denn? Den Redaktionen der Tageszeitungen des In- und Auslandes war diese Frage jedoch völlig egal, sie begrüßten dieses skurrile Detail begeistert, weil die sportlichen Kletterer ihnen hohe Auflagen bescherten. Und die Leser verschlangen damals sowieso begierig die neuesten Sensationsmeldungen über die „Fassadenkletterer", die sie einerseits fürchteten, andererseits aber insgeheim auch bewunderten, sodass auch immer eine gewisse Sympathie für sie geschürt wurde. Eine Sensationsmeldung jagte die andere, die Zeit war schnelllebig. Wer jedoch Pech hatte und sich vom gemeinen Hochstapler/Gentleman-Verbrecher/Fassadenkletterer in persona blenden ließ, zahlte unter Umständen ein hohes Lehrgeld. Dann war es schlagartig mit dem Spaß vorbei, und auch die Sympathie hatte sich ganz schnell verabschiedet. Auf einmal war er nämlich verschwunden, der nette und charmante Mann oder die reizende liebliche Dame aus der Hotelbar, vom Tanztee, Fünfuhrtee, aus der noblen Konditorei am Kurfürstendamm oder anderen Orten des kurzweiligen und teuren Vergnügens und des heiteren und sorglosen Zeitvertreibs, während andere Menschen in Berlin ganz andere Sorgen hatten und nicht wussten, wie sie ihren Lebensunterhalt bestreiten sollten. Mit dem charmanten Betrüger oder der reizenden Betrügerin waren dann leider auch zumeist Bargeld, Schmuck oder andere Preziosen perdu, wenn nicht sowieso schon ein Hoteleinsteigedieb schneller gewesen war und den anderen ausgebootet hatte.

Längst ist aus Berlin Groß-Berlin geworden. 59 Landgemeinden und 27 Gutsbezirke haben sich 1920 zu einer Stadt mit fast vier Millionen Einwohnern zusammengeschlossen, nach London und New York die bevölkerungsreichste der Welt. Daraus resultierte zum einen eine auffallend stark gestiegene

Selbstmordrate: War man laut Statistik 1912 davon ausgegangen, dass sich 550 Menschen in Berlin das Leben genommen hatten, sind es zehn Jahre später mit 1709 mehr als das Dreifache. Auch schwerste Delikte wie Mord und Totschlag erfahren in der Statistik nun eine deutliche Steigerung. Im gesamten Jahr 1922 werden in Berlin 613 Leichen Erwachsener aufgefunden, hinzu kommen 87 Kindsleichen. Zehn Jahre zuvor hatten die Zahlen noch ganz anders ausgesehen: 336 Leichen von Erwachsenen, 92 Kindsleichen. Aber auch Banküberfälle, Straßenraub, Rauschgiftkriminalität sowie der Mädchenhandel boomen. Vor allem das Rotlichtmilieu läuft zur Höchstform auf, aber auch das Geschäft mit den vielfältigen Drogen dieser Zeit, vor allem Kokain, Opium und Heroin. Zweifelhafte Etablissements schießen wie Pilze aus dem Boden: Kaschemmen, Nacht- und Nacktlokale, als „Lasterhöhlen“ zu Recht geschmähte Orte, einerseits verrufen und verpönt, andererseits aber auch verlockend. Dass dabei Frauen und Mädchen schamlos ausgebeutet werden, scheint in der Öffentlichkeit keine große Rolle zu spielen. Mord und Totschlag halten verstärkt Eingang in die Polizeistatistik, in der Frühphase der Weimarer Zeit treten die ersten Serienmörder wie Karl Großmann auf den Plan. „Werwölfe“ nennt sie der Kriminalschriftsteller Hans Hyan und meint eigentlich den klassischen „Lustmörder“, der den Berlinern zeigt, wozu die Bestie Mensch in diesem Jahrzehnt fähig ist. Und immer wieder melden die Tageszeitungen in diesen Jahren Funde von Leichenteilen in der Spree – die Brutalität der Täter kennt offenbar keine Grenzen mehr. Das Grauen hält erneut Einzug in die Tagespresse, und so schafft man mühelos den Übergang vom Ersten Weltkrieg in die Gegenwart. Das stumpft ab, macht aber auch gewaltbereiter. Die Berliner Kriminalpolizei hat bereits ab 1919 ihre Arbeit reformiert, um moderner und effektiver zu werden, was auch zur Einrichtung des Preußischen Landeskriminalpolizeiamtes in Berlin am 1. Juni 1925 führen wird; ein gutes halbes Jahr später entsteht schließlich die Mordinspektion. Den Ruf „Das hat's zu Kaisers Zeiten nicht gegeben!“

will dort, oberflächlich gesehen, eigentlich niemand mehr hören, wenn auch manche insgeheim immer noch – zumindest gedanklich – von der Vergangenheit zehren und daher national gesinnten Parteien die Treue halten. So zum Beispiel Kriminalkommissar Ernst Engelbrecht, der in Berlin als deutschnational verschrien ist, was ihm in einem zunehmend vom Demokratiegedanken geprägten Polizeipräsidium das Genick brechen wird, sodass er schließlich seinen Dienst quittieren muss.

Die Inflation hat vor allem 1923, als die Republik sich noch in ihrer Selbstbehauptungsphase befand, eine wahre Flut weiterer Verbrecher hervorgebracht, darunter auch die allgegenwärtigen Schieber, im Volksmund „Raffkes" genannt, die nur ihr eigenes Wohlergehen im Sinn haben und andere schamlos betrügen, um sich ein schönes Leben zu gestalten. Oft sind sie auf Koks in den einschlägigen Nobelrestaurants und Spielkasinos zwischen Kurfürstendamm und Potsdamer Platz unterwegs und taumeln im Glücksrausch nach Hause, wo sie sich darüber freuen, dass sie sich von den anderen – in ihren Augen dummen – Menschen durch ihre Cleverness abgehoben haben. Großrazzien der Polizei sollen dazu dienen, diese gefürchteten „Schiebernester", die sich zum Beispiel in den Straßen des einschlägig als „Verbrecherviertel" bekannten Scheunenviertels eingenistet haben, auszuräuchern – unter Umständen mit gleich vier Hundertschaften, die ganze Straßenzüge absperren und alle Häuser durchsuchen. Oft sind es immer die gleichen „üblichen Verdächtigen", die zum Polizeipräsidium gekarrt werden. Denn wer einmal in diesem Sumpf des Verbrechens feststeckt, der hat kaum Aussichten, ihn jemals zu verlassen. Das merkt auch das endlose Heer der gerade entlassenen Strafgefangenen, die durch eine bewusste Stigmatisierung durch die Gesellschaft kaum Aussicht hat, jemals (wieder) ein geregeltes und bürgerliches Leben zu führen. Das gelingt schon gar nicht, wenn sie in Berlin wieder auf ihre „Berufskollegen" treffen, die sie zurück in ihren Dunstkreis locken, in die zweifelhafte und trügerische Gemeinschaft. Der Moabiter Gefängnispfarrer Detloff Klatt zum

Beispiel ist so ein Mensch, der dieses Dilemma beharrlich anprangert und in seinen Schriften Lösungsansätze bietet. Doch auch er kämpft letzten Endes gegen Windmühlen. Denn gerade in Berlin dominiert die straff organisierte Verbrecherwelt und streckt ihre Tentakel sofort nach ihren verlorenen Schäfchen aus, die zumeist auch reumütig an den „heimischen Herd" zurückzukehren. Tut es die Gesellschaft nicht, ist es sozusagen ihre Pflicht, diese Rolle zu übernehmen, obwohl eigentlich der Staat dafür verantwortlich wäre. Doch die vermeintliche Fürsorge geschieht natürlich nur aus Eigennutz und Stolz. Die Verbrecher sind und bleiben unter sich, haben ihre eigenen Rituale, Sprache, Spitznamen und Treffpunkte, bewegen sich in den immer gleichen Absteigen und erhalten so kaum Anreize, zumindest den Versuch zu wagen, ihren prekären Lebensbedingungen zu entkommen. Für die bürgerliche Welt sind und bleiben sie ohnehin unsichtbar. Und wer den Versuch wagt und Einlass begehrt, wird schnell als Ex-Knastbruder enttarnt und in die Wüste geschickt – zurück in das Verbrechertum der Stadt. Und so fängt das eben auch den ehemaligen Knastbruder auf, der somit zurückkehrt an den heimeligen Herd des Verbrechens, es vielleicht auch so will, weil er nichts anderes kennt.

Der Abstecher in die Welt der Verbrecher-Zweckgemeinschaften im nächsten Kapitel handelt von einer sehr dynamischen Frau, die Stärke und Führungsqualitäten bewies. Doch die Energie wurde wieder einmal nicht in legale Bahnen gelenkt. Helene Spanier, so der Name der geheimnisvollen Dame, war skrupellos. Und kriminell. Mit großer Wahrscheinlichkeit war sie es nämlich gewesen, die ihre männlichen Komplizen, darunter einen klassischen, weil gewissenslosen und brutalen, Gewalttäter namens Matrosen-Willi, der eigentlich Gustav Passarge hieß, zu einem brutalen Raubmord an einem Händler angestiftet hatte. Er ist nicht zu verwechseln mit Tango-Willi, dessen richtiger Name Willi Opitz lautete, und der ebenso als einer der gefährlichsten Verbrecher Berlins galt. Matrosen-Willi und Tango-Willi waren von ihren Komplizen mit den in ihren Kreisen üblichen Spitznamen ausgestattet worden, doch die scheinbar harmlosen Namen täuschen gewaltig. Vor allem Tango-Willi ist frei von jeglichem Gewissen. Vier Morde hat er verübt, kaltblütig und ohne zu zögern. Zumeist schießt er sofort und nimmt Tote ungerührt in Kauf, so ist er zum Beispiel bei einem Einbruch in flagranti ertappt worden und erschießt daraufhin seine Opfer, Mutter und Tochter, in deren Wohnung. Auch ein Droschkenkutscher, der sich weigert, ihn zu befördern, weil der Wagen bereits bestellt sei, muss das mit seinem Leben bezahlen. Vor dem Kabarett „Schwarzer Kater" in der Kantstraße schießt er den Mann nieder und auch einen Pförtner, der dem Droschkenkutscher zur Hilfe geeilt ist. Beide Männer erliegen ihren Verletzungen. Ebenso ist Opitz als Bankräuber unterwegs und zudem Profi im Ausbrechen aus dem Gefängnis, so zum Beispiel im Mai 1922 aus Tegel. Spezialist für Einbruchsdelikte aller Art ist zu dieser Zeit Kriminalkommissar Otto Trettin, der mit der Suche nach dem gefährlichen Gewaltverbrecher Opitz betraut wird. Dann geht die Nachricht im Polizeipräsidium ein, dass in mehreren Lokalen ein verdächtiger Mann, angeblich Bankhalter von Beruf, gesehen wurde, der der Personenbeschreibung Opitz' nahekommt. Polizeibeamte rücken an, Opitz will aus dem Hinterausgang flüchten, doch dieser ist bereits umstellt. Sofort zieht er zwei Pistolen und will mit beiden Händen auf die Männer schießen. Doch die sind diesmal schneller. Von mehreren Kugeln getroffen, wird Opitz in die Charité gebracht, wo er am 5. November 1922 bei der Notoperation verstirbt.

Die neue und völlig ungezügelte Brutalität, wie Verbrecher wie Opitz und Passarge sie an den Tag legen, wird Realität im dunklen Berlin. Es ist eine Parallelwelt entstanden, ein Mikrokosmos, in dem sich die Kriminellen mehr oder weniger ungehindert bewegen, und in den die Kriminalpolizei nicht so ohne weiteres eindringen kann. Doch es gibt auch Berührungspunkte zwischen den eigentlich verfeindeten Gruppierungen, zwischen Polizei und Unterwelt. Dies ist letzten Endes der

Presse zu verdanken: Die Berliner Kriminalpolizei hat in den 1920er-Jahren die Erlaubnis dazu gegeben, neben einer von Polizeipräsident Karl Zörgiebel ausgerufenen „halboffiziellen Fühlung“ mit den Ringbrüdern ausführlicher über Verbrecher zu berichten, über ihre Treffpunkte, die oftmals als Pensionen so gut getarnt waren, dass niemand hinter der gutbürgerlichen Fassade etwas anderes als ein seriöses Etablissement vermutet hätte. Perfekte Verbrecherschlupfwinkel der Großstadt, und das noch nicht einmal in den Außenbezirken, sondern mitten im Herzen der Metropole. Ein gefestigtes Milieu außerhalb der bürgerlichen Rechtsnorm. Auch Helene Spanier führte ihre Absteige mit strengem Regiment. Widerworte wird sie nicht geduldet haben, Aufsässigkeit schon gar nicht. Es war von vornherein klar, dass sie der Boss war. Geschickt und clever war die Dame sowieso. Sie verstand es meisterhaft, alle auf die falsche Fährte zu locken. Bis heute fehlt von ihr jede Spur, nachdem man sie der gerechten Strafe zugeführt und sie ihre Zeit hinter Gittern abgesessen hatte. Das Verschwinden ohne jegliche Spur – ist das nicht der beste Beweis für ihre Fähigkeiten als erfolgreiche Verbrecherin? Aber was genau ist eigentlich ein „erfolgreicher Verbrecher“? Woran lässt sich dieser zweifelhafte Ruhm ablesen? In welchen Dimensionen denken die Menschen dieser Kategorie? In welcher ein Mörder? Und wie konnte es eigentlich geschehen, dass in den 1920er-Jahren ein Polizeiwachtmeister zum Mörder wurde? Dass er von einem Moment zum anderen zur rasenden Bestie wurde, vom Untersuchungsgefängnis aus von „Irrenanstalt“ zu „Irrenanstalt“ gereicht wurde, ohne je wieder ein normales Leben zu führen? In der „Irrenanstalt“ Dalldorf, der späteren „Wittenauer Heilstätten“, die noch später Karl-Bonhoeffer-Nervenklinik hieß, sollte in den 1930er-Jahren ein einsamer Delinquent hinter den Mauern vor sich hinvegetieren, allein mit seinen Gedanken, mit seiner Schuld. Mit dem Wissen, dass er wohl nie wieder in Freiheit gelangen würde. Zwei Menschen hatte er auf dem Gewissen.

An einem fatalen Abend im Jahr 1924 beschloss Polizeiwachtmeister Bruno Gerth nach einem Besuch bei seiner Freundin, noch ein Bier trinken zu gehen. Das klang eigentlich ganz unschuldig, doch am nächsten Morgen waren zwei Frauen tot, die eine erschlagen, die andere erwürgt, die Berliner verstört, entsetzt und viele in ihren althergebrachten Vorurteilen gegenüber den Ordnungshütern erneut bestätigt. Wem sollte man noch trauen, wenn sogar ein Polizist zum Mörder werden konnte, und dann auch noch zum Sexualverbrecher? Die tragische Geschichte, die in Kapitel neun beschrieben wird, sollte zu allem Überfluss kein Einzelfall bleiben. Nur drei Jahre später sollte der ehemalige Polizeiobermeister Paul Gutowski, der nach dem Quittieren seines Dienstes von der dafür erhaltenen Abfindung ein Berliner Seifengeschäft übernommen hatte, zum Mörder werden. Gutowski geriet schnell in den Verdacht, noch weitere Frauen getötet und zerstückelt zu haben. War er vielleicht ein zweiter Karl Großmann? Die Frage konnte bis heute nicht geklärt werden.

Zunehmend kommen neue Probleme für die Polizei hinzu: Mobile Verbrecher, denen Grenzen mittlerweile egal sind, erfordern auch dringend eine zunehmende Flexibilisierung, was vor allem den zwischenstaatlichen Nachrichtenaustausch und auch die Arbeitsweise vor Ort in Berlin mit den Dienststellen im Umland angeht. Höhepunkt dieser fortschrittlichen Bestrebungen ist die Große Polizeiausstellung 1926, die auch offiziell die Weiterentwicklung belegen soll, die man in der Hauptstadt erfahren hat. Die Polizei geht endlich mit der Zeit und hat den Staub der kaiserlichen Vergangenheit abgeschüttelt – so glaubt man. Doch die Großstadt ist und bleibt nun einmal unübersichtlich, undurchschaubar, mysteriös, faszinierend, abstoßend, anziehend ... So wie der „Gentleman-Verbrecher“. Es ist eben vor allem das Jahrzehnt des „Gentleman-Verbrechers“, der – rein äußerlich – einem Dandy gleicht, in dem Fall aber aus dem Typus des Hochstaplers geboren wurde. Dieser Verbrechertypus ist elegant, energisch, er ist aber auch schnell und passt so perfekt in diese neue, hypermoderne und mitunter sehr oberflächliche Zeit, in der zu viele auf der Strecke bleiben, einfach nicht mehr mitkommen. Verlebte Menschen, verschlissen, verroht und verloren. Sie stecken fest im Sumpf der Armut, der sehr schnell zum Sumpf des Verbrechens werden kann.

Als braver Leser ohne Vorstrafenregister, der vielleicht gemütlich mit einem Drink in der Hand auf dem Sofa schmökert, hat man es natürlich leicht. Denn eigentlich sind die Geschichten dieser Menschen auch traurig, weil es fast immer fatalistische Lebensläufe sind, die niemals gut ausgehen können. Das weiß man auf dem Sofa, der Delinquent weiß es aber anscheinend nie. Da ist oft etwas Selbstzerstörerisches in ihnen, das stärker ist als die Ratio, das eine Macht über sie ausübt, der sie ab einem gewissen Zeitpunkt nichts mehr entgegensetzen können. Und wie seltsam fremd erscheinen sie einem doch manchmal, diese Menschen hinter den Verbrechern, die sie nun einmal sind. Da ist zum einen der lange Zeitabstand, das ganz andere Leben, das sie geführt haben. Unwirklich sind sie, wie literarische Gestalten, die nie wirklich gelebt haben. Verbrecher auf der Bühne des Lebens. Und doch soll trotz aller negativen Eigenschaften dieser verschiedenen Verbrecherspezies an dieser Stelle auch an das Credo des Schriftstellers und Journalisten Leo Heller erinnert werden, der sich in den 1920er-Jahren vorzugsweise im düsteren Berlin herumtrieb und keine Vorbehalte gegenüber den Menschen hatte, denen er dort zumeist im Dunkel der Nacht oder düsteren Kaschemmenlicht begegnete. Er sah nämlich immer auch den Menschen, nicht nur den Verbrecher. Diese Herangehensweise bedeutet, dass man sich nicht nur mit den Straftaten, sondern sich auch näher mit den Biografien der Damen und Herren beschäftigt, wenn es die Quellenlage denn zulässt. Es ist jedoch müßig, immer genau nach den Beweggründen zu fahnden, warum jemand auf die schiefe Bahn geraten ist. Oft spielen dabei unterschiedliche Faktoren eine Rolle, manches lässt sich im Rückblick nicht mehr ergründen, vor allem, wenn der Delinquent sich selbst nicht mehr äußern kann. Und: Die Autorin ist keine Richterin. Sie möchte lediglich einen kurzen Blick hinter die Fassaden der Personen werfen, so gut und so weit, wie es eben geht. Selbst wenn dahinter Mord und Totschlag lauern.

Wie Bruno Gerth war auch der Juwelenräuber Johannes Spruch aus Oberschlesien, den wir im zehnten Kapitel kennenlernen, vor allem aufgrund seiner angeschlagenen Psyche dem Untergang geweiht. Überaus verwegen suchte er sich zunächst ganz bewusst das grellste Rampenlicht von Berlin für seine spektakuläre Straftat aus und überfiel ausgerechnet am helllichten Tag der Eröffnung der Großen Polizeiausstellung am 25. September 1926 ein Juweliergeschäft. Und das an einem der meistfrequentierten Orte der Stadt. Sein „Auftritt" war fulminant, „sensationell", „verwegen", der zweifelhafte Ruhm jedoch nur von kurzer Dauer, und der glücklose Verbrecher konnte seinen Auftritt in dieser Art und Weise – mit Berichterstattungen im In- und Ausland – nicht wiederholen. Auch er endete, nicht zuletzt durch seine Inkompetenz, aber vor allem durch seine psychischen Auffälligkeiten, tragisch. In gewisser Weise hatte mit Johannes Spruch die öffentliche Sensationalisierung des Verbrechens ihren Höhepunkt erreicht, die zuvor jahrelang vor allem von der Presse betrieben worden war, offiziell legitimiert durch eine Kooperation mit dem Polizeipräsidium. Und so ließ man Spruch die Tat am Originalschauplatz unter fulminantem Blitzlichtgewitter sogar noch einmal wiederholen, um das ganze Spektakel zu filmen. Die „kriminalistischen Lehrzwecke", die daraus gezogen werden sollten, erschließen sich dem Laien nicht unbedingt. Reaktionen von der Großen Polizeiausstellung im selben Jahr, auf der der Film schließlich gezeigt wurde, sind nicht bekannt. Die Presse schreckte zu dieser Zeit nicht einmal davor zurück, detaillierte Fotos von Tatorten zu veröffentlichen, so zum Beispiel in einer österreichischen Zeitung nach dem Mord an dem Taxifahrer und Gigolo Ewald von Schalepanski, der im letzten Kapitel dieses Buches eine große Rolle spielen soll, ermordet von einem bis heute unbekannten

Täter. Auch das war mittlerweile real: der „nasse Fisch“, womit die ungeklärten Fälle gemeint waren. Damals machte man sich die Journalisten zum Werkzeug und hoffte, so wertvolle Hinweise aus der Bevölkerung zu erhalten. Doch die Presseleute gingen in ihrem Übermut noch einen Schritt weiter. Fotografen wie Leo Rosenthal schmuggelten ihre Kamera in den Gerichtssaal und fotografierten verbotenerweise sowohl Täter als auch Publikum und schufen so eine neue „Kunstform“. Der Reiz des Verbotenen, des Kriminellen, unzensiert, ungekünstelt, ungeschönt, angelehnt an eine naturalistische Herangehensweise, das war natürlich voyeuristisch, aber eigentlich auch zutiefst menschenfreundlich. Nichts verstecken, nichts verschweigen, lautete die Devise.

Wahrscheinlich hätte die Berliner Kriminalpolizei auch viel lieber den Mantel des Schweigens über den Totschlagsfall gehüllt, der das elfte und somit vorletzte Kapitel füllt. Nicht nur die Beamten rätselten darüber, wie es passieren konnte, dass ein eigentlich braver Studienrat, ein Doktor der Philologie, zum Gattinnenmörder wurde. Wie war es möglich, dass ein einziger kurzer Moment ausreichte, um das Leben seiner Frau auszulöschen und ihn vor Gericht zu bringen? Dr. Bruno Schreiber hieß der Mann, der seine Ehefrau im Streit erschlug, es sofort bereute und sich dann nicht mehr von ihr trennen wollte. Das pikante Detail, das nicht nur bei der Polizei für Erstaunen sorgte: Dr. Bruno Schreiber war auch der beste Freund von Kriminalkommissar Otto Trettin, damals einer der bekanntesten, aber auch für seine cholerischen Wutausbrüche gefürchtete Beamten der Stadt. Zusammen hatten sie studiert, waren gemeinsam in den Krieg gezogen, lebten danach wieder in derselben Stadt, in Berlin. Dann kam das Jahr 1925, in dem Trettin, der im Krieg einen Arm verloren hatte, seinen Freund höchstpersönlich verhaften und ins Polizeipräsidium verfrachten musste. Bizarr mutete damals an, dass Schreiber die Leiche seiner Frau mit ihren Lieblingsblumen geschmückt und versteckt hatte und erst einige Zeit verging, bis man sie überhaupt entdeckte.

Sinnigerweise waren es Immortellen, Strohblumen aus der Gattung der Korbblütler, deren Name eigentlich „die Unsterbliche" bedeutet. Ironie des Schicksals? Die Leiche war schon mumifiziert, als Schreibers Mutter sie auf dem Dachboden entdeckte und das Spiel für den Doktor vorbei war. Seine bürgerliche Existenz in Berlin war unwiderruflich zerstört. Der Fall belegte auch, dass niemand in diesen Zeiten verschont blieb, die bürgerliche Ordnung innerhalb kürzester Zeit ohne Umschweife ausgehebelt werden konnte, von einem Moment auf den anderen. Und das, obwohl die Weimarer Republik sich Mitte der 1920er-Jahre bereits in einer Phase der relativen Stabilisierung befand, die Zeit aber dennoch nicht alle Wunden der Psyche heilte. Doch die Verbrecherwelt bestand eben nicht nur aus Menschen, denen das Schicksal diese Karriere mit in die Wiege gelegt hatte, die psychisch krank waren oder wirtschaftliche Nöte hatten. Die schweren Zeiten machten auch aus Menschen Verbrecher, die unter normalen Umständen nie dazu gekommen wären, eine Mordtat zu begehen. Kurz vor der Tat war Schreiber arbeitslos geworden, trotz Studiums und vorheriger Tätigkeit als Redakteur – alles war umsonst gewesen. Der Affekt-Verbrecher Dr. Schreiber rühmte sich auch nie seiner Tat, eher plagten ihn wohl Zeit seines Lebens Gewissensbisse. Aus seinen verbrecherischen Bestrebungen, geboren aus der Not der Zeit heraus, war somit nie ein Selbstwertgefühl entstanden, so wie es bei den klassischen Berufsverbrechern der Fall war.

Gegen Ende der 1920er-Jahre geht dem Jahrzehnt langsam die Luft aus. Der Schwarze Freitag im Jahr 1929 produzierte in der Folge ein Heer von Arbeitslosen, aus dem 1931 deutschlandweit fünf Millionen Menschen werden sollten. Die Kriminalität in Berlin boomt, die Weimarer Zeit ist bereits in ihrer Endphase, und diese wird äußerst ungemütlich und in ihrer Auflösung und Zerstörung enden. Typische Großstadtdelikte wie Taschen- und Ladendiebstahl haben sich längst verfestigt und sind an der Tagesordnung, man stört sich kaum noch daran, so abgestumpft ist man bereits. Besonders die Anonymität in der großen Stadt ist einer der „Vorzüge“, die Kriminelle anzieht. Aber auch dem technischen Fortschritt geschuldete Delikte verstärken sich, Autodiebstähle werden zum Problem, wobei sich Kommissar Ludwig Werneburg, der sich darauf spezialisiert hat und mit Vorträgen über diese Delikte durch das In- und Ausland reist, die größte Mühe gibt, dieses auch „volksschädliche“ Problem in den Griff zu bekommen.

Und dann wiederholt sich das Trauma des „Schlächters vom Schlesischen Bahnhofs“ in der Hauptstadt immer und immer wieder, so auch 1929, als man des Öfteren weibliche Leichen und Leichenteile aus der Spree zieht. Raubüberfälle sind an der Tagesordnung, es vergeht kaum ein Tag, an dem es nicht irgendwo in der Stadt einen Überfall gibt, sei es auf Privatpersonen oder auf Geschäfte oder Geldkuriere, so wie ein Kassenbote, dem man am 7. Mai 1929 in der Wullenweberstraße 7000 Mark entreißt. Nur zehn Mark hingegen erbeutet ein Räuber am 1. Dezember 1930, der einem jungen Mädchen vor dem Kabarett der Komiker auf dem Kurfürstendamm die Handtasche mit Portemonnaie entrissen hat. In diesem Jahr ist die Kurve der Sexualverbrechen in der Statistik noch einmal angestiegen.

Den traurigen Abschluss der Mordstatistik des Dezenniums markiert der 29. Juni 1930, an dem die Berliner Kriminalbeamten an einem einzigen Tag mit insgesamt fünf Morden in der Stadt konfrontiert wurden, unter anderem an einem Wanderburschen aus Stettin. Es ist mittlerweile normal, dass die Beamten in der Regel einen Fall pro Tag gemeldet bekommen, doch fünf, das ist selbst für die robuste Kriminalpolizei neu. Neu für die erfolgsverwöhnte Berliner Krimimalpolizei ist auch das Scheitern, das Nichtaufklären eines Verbrechens. Das nagt an den fleißigen Beamten, den „nassen Fisch“ – ungelöste Fälle oder unbekannte Verbrecher – mögen sie nun einmal ganz und gar nicht. Und doch müssen sie sich auch dieser Tatsache stellen, so wie im letzten Kapitel des Buches, das deshalb ungewöhnlich ist, weil der Verbrecher gar keinen Namen hat und bis heute unbekannt geblieben ist. Er ist so ein „nasser Fisch", der Fall des ermordeten Taxifahrers Ewald von Schalepanski, den sein bis heute unbekannter Fahrgast in den Hinterhalt lockte, um ihn zu töten und zu berauben. Die Kriminalpolizei ging damals sämtlichen Spuren nach, sammelte unzählige Überstunden an, gab sich größte Mühe, den Täter zu finden, stellte Vergleiche mit anderen Fällen an, um letzten Endes erkennen zu müssen: Alles war umsonst. Und so durfte der Mörder des Taxifahrers weiterleben. Und auch weitermorden?

Und dann naht mit großen Schritten die Abenddämmerung. Bis das Licht erlischt und die Sonne für die nächsten Jahre verdunkelt und 1933 alle Hoffnungen und Erwartungen zunichte gemacht werden sollten. Die neuen Machthaber verleiben sich schnell Kriminalkommissare wie Ludwig Werneburg, Arthur Nebe oder Liebermann von Sonnenberg ein. Und schon bald dürfen Verbrecher in Berlin, deren weit größter Teil mittlerweile in etwa 40 Ringvereinen organisiert ist, nicht mehr auf allzu große Gnade oder verständnisvolle Ärzte hoffen, weil sie in den Augen des neuen Regimes „Ungeziefer" sind, das es auszumerzen gilt. In diesen Jahren leben vor allem die Berliner Frauen aber wieder in Angst und Schrecken.

Doch nun Vorhang auf für eine Verbrecherriege, wie sie zeitgenössischer nicht sein könnte. Ein Buch, zwölf Kapitel, Schicksale sowohl von Opfern als auch von Tätern, Verbrechen, die mitunter seltsam, bizarr, brutal und ungewöhnlich anmuten. Eine Zeitreise in die kriminelle Vergangenheit der Hauptstadt. Zu Dieben unter Morphium, „Lustmördern", Fassadenkletterern, Juwelenräubern, einst berühmten Ein- und Ausbrechern, Bigamisten, Gewaltverbrechern, aber auch allgegenwärtigen Hochstaplern, die als Bindeglied zwischen der Zeit vor und nach dem Ersten Weltkrieg dienen. Delinquenten, deren Biografien oft viel mehr über die Ära und ihre Menschen preisgeben als manches Geschichtsbuch.

ICH BIN IMMER EIN ANDERER

GEORGES MANOLESCU: FÜRST DER DIEBE

Hochstapler neigen in der Regel nicht zu Mord und Totschlag, und so ist das Publikum zumeist gnädig mit ihnen. Im Jahr 2019 berichtete die New Yorker Staatsanwaltschaft über die russische Betrügerin Anna Sorokin, die sich in der amerikanischen High Society hohe Geldsummen erschlichen hatte, dass sie ihren Erfolg durch „geschickte Lügen und selbstbewusstes Auftreten" erzielt habe, wie es in einer Ausgabe der Zeitung *Die Welt* vom 24. April 2019 hieß. Und genau das waren die Eigenschaften, die auch Georges Manolescu bis zur Perfektion in sich vereinte. Doch er trieb vor über 120 Jahren in Deutschland und zahlreichen anderen Ländern sein Unwesen, was ihm und seinen geistigen Nachfahren, wie zum Beispiel Max Schiemangk und Fritz Wald, eine zeitlose Aura verleiht.

Bei kaum einer Person der Kriminalgeschichte vermischen sich bis heute Fakt und Fiktion so intensiv wie bei dem rumänischen Abenteurer, was nicht zuletzt durch seine Memoiren begründet war, die Ende 2020 unter dem Titel *Fürst Lahovary. Mein abenteuerliches Leben als Hochstapler* neu aufgelegt wurden. Ein finales Schurkenstück, denn darin stilisierte er sich zum Über-Hochstapler, verwegenen Abenteurer und formidablen Frauenhelden, zu einem Menschen, für den stets das Motto „Mehr Schein als Sein" galt. Dabei ignorierte er jedoch – wenn es ihm überhaupt bewusst war – seinen psychischen Gesundheitszustand, um den es zunehmend schlecht bestellt schien. Möglicherweise war er erblich vorbelastet, Manolescus Onkel und Stiefbruder sollen an einer nicht näher spezifizierten „Geisteskrankheit gelitten haben.

„Ich bin am 20. Mai 1871 in der Stadt Ploësci in Rumänien geboren", leitete Manolescu seine Memoiren noch mehr oder weniger ordnungsgemäß ein, wobei Ort und Datum in den verschiedenen Quellen über ihn variieren. Mit der Wahrheit nahm er es also von vornherein nicht so genau. Schon als junger Mann war er rastlos und abenteuerlustig, strebte gleichzeitig aber ein Leben in Reichtum an, wobei ihm jegliches Unrechtsbewusstsein fehlte: „Wenn die Sachen mir gefallen und ich sie liegen sehe, dann nehme ich sie." Die kriminellen Weichen stellte er somit selbst, auch seine Eltern konnten ihn nicht bändigen. Bald geriet sein Leben zu einer schnellen Abfolge von Orts-, Länder- und Kontinentwechseln. Ohne Verschnaufpause eilte der Hallodri von Diebstahl zu Diebstahl, als wäre der Leibhaftige persönlich hinter ihm her gewesen. Besonders gern zog es ihn nach Paris zu Wein, Weib und Gesang, was er natürlich durch Betrügereien finanzierte. Dafür wechselte er ständig seine Identitäten – wusste er eigentlich selbst noch, wer er wirklich war? Und oft begab sich der Hyperaktive auf die Flucht, weil er wieder einmal Beute gemacht hatte, die allerdings gar nicht immer so üppig ausfiel, wie er es später darstellen sollte. Und das Diebesgut war zuweilen schon etwas seltsam. So erfährt man zum Beispiel aus Londoner Gerichtsprotokollen, dass Manolescu, der auch den Weg über den Ärmelkanal nicht scheute, in der britischen Hauptstadt unter anderem ein Opernglas gestohlen hatte. 1895 musste er sich gleich wegen mehrerer Diebstähle vor einem Londoner Gericht verantworten. Er bekannte sich sogar schuldig und wurde daher zu zweimal acht Monaten Straflager verurteilt. Wo immer der anscheinend kleptomanisch veranlagte Manolescu auftauchte, der oft des Nachts an irgendeinem Spieltisch anzutreffen war, es war danach immer dasselbe: Hektisch schickten Polizeibehörden und Botschaften Telegramme und Steckbriefe hin und her und fahndeten nach dem raffinierten Spitzbuben mitsamt seinem Diebesgut. In- und ausländische Zeitungen waren reichlich gefüllt mit Berichten über die jüngsten Eskapaden des „Fürsten“ Lahovary. Angeblich, so sollte er dann auch vor einem Berliner Gericht fabulieren, habe sich seine Familie schon seit 1160 des Adelstitels bedienen dürfen. Bescheiden war der junge Mann also überhaupt nicht, aber das sind Hochstapler grundsätzlich nicht. Und so galt er, der noch keine 30 Jahre alt war, bereits im ausgehenden 19. Jahrhundert als der eleganteste und bedeutendste Hochstapler der Zeit. Der „bedeutendste Hochstapler“ – welch ein Widerspruch in sich – wurde somit schon zu Lebzeiten eine Legende. An seiner Integrität hatten potenzielle Opfer in der Regel zunächst keine Zweifel, zumal der Kriminelle über ein sehr einnehmendes Wesen verfügte, was stets auch eine Grundvoraussetzung für ein erfolgreiches Hochstaplerdasein war.

Dann sorgte Manolescu für eine große Überraschung: Am 18. Juni 1899 heiratete der nur rein äußerlich solide Manolescu in Hoyren, heute ein Stadtteil von Lindau am Bodensee, auf dem örtlichen Standesamt die aus verarmtem Adel stammende Gräfin Angelika Maria Wilding von Königsbrück, Tochter des Grafen August Wilding von Königsbrück und dessen Gattin Angelika geborene Gräfin Trzebinska. Das sorgte für Verwirrung beim Leser seiner Memoiren: Lief er damals tatsächlich aus Liebe in den Hafen der Ehe ein? Was war da los? Zumindest log er in der offiziellen standesamtlichen Urkunde einmal nicht und gab seinen richtigen Namen an: „Der ledige Privatier Georgius Manolescu, Sohn des Balasache Manolescu und der Wally Parusche“. Dass das Ganze nicht gut gehen konnte, ahnte der Leser blitzschnell. Nur für einen kurzen Moment hatte der Kriminelle vielleicht sogar tatsächlich mit der Idee einer bürgerlichen Existenz geliebäugelt, sodass es ihn auch nicht abschreckte, dass seine Braut gar kein Geld hatte. Als einzige Mitgift hatte sie von ihrer Mutter 5000 Mark in bar erhalten, die Manolescu prompt auf ihrer Hochzeitsreise innerhalb von vier Wochen verjubelte. Seine Ehefrau ließ er oft alleine im Hotelzimmer zurück, hinter verschlossener Tür, versteht sich. Doch letzten Endes erwies sich der Freiheitsdrang als allzu übermächtig, das Resultat: Starke Stimmungsschwankungen, unter denen seine bald schwangere Frau zu leiden hatte, waren auch das Resultat seines inneren Konflikts.

Manolescu hatte sich ihr gegenüber als „Dr. jur." ausgegeben. Er sei Repräsentant eines großen Fabrikgeschäftes, einer Elfenbeinschnitzerei, deren Inhaber sein Vater sei, belog er seine Frau ganz frech. Das frisch vermählte Ehepaar bezog schließlich eine feudale Villa, die sich der Hausherr eigentlich gar nicht leisten konnte. Schon bald zeigten sich erste Anzeichen einer sich anbahnenden psychischen Krise. Manolescu zerschlug grundlos Geschirr, hatte Halluzinationen, bedrohte wahllos Menschen mit einem Revolver. Ein ungewöhnliches Verhalten für die in diesem Buch beschriebenen Hochstapler, weil diese eigentlich nicht zu Gewaltausbrüchen neigten, sondern zu dem Betrug verwandten Delikten wie Diebstahl, Erpressung oder Fälschung. Der Dresdner Staatsanwalt Dr. Erich Wulffen, der dies 1907 ausführlich in seiner *Kriminalpsychologischen Studie* über den Verbrecher dargestellt hat, hatte sich zu diesem Zweck die Mühe gemacht, die Angaben in Manolescus Memoiren auf Richtigkeit zu überprüfen. In internetlosen Zeiten muss dies eine Mammutaufgabe für den wackeren Staatsanwalt gewesen sein, der einem hyperaktiven und geschickten Lügner und Betrüger hinterherjagte, zumindest auf dem Papier. Wulffen war damals einer der bekanntesten deutschen Kriminalpsychologen und veröffentlichte nicht nur umfangreiche kriminalpsychologische Werke, sondern auch etliche Romane, Lustspiele und einen Gedichtband. Und: Er erwies sich als hartnäckig und fast schon gnadenlos. Wie ein Terrier hatte er sich in des Hochstaplers Waden verbissen und wollte sie nicht mehr freigeben. Warum sollte er auch? Schon zwei Monate nach der vermeintlichen Liebeshochzeit Manulescus geschah das nächste „Wunder": Der rätselhafte Rumäne wurde Vater. Am

19. August 1899 kam seine Tochter Jeanne in Hoyren zur Welt. Manolescu zeigte sich extrem überfürsorglich, fast paranoid, drohte seiner Frau mit Erschießen, falls sie das Baby vernachlässige. Bereits vier Wochen später war Manolescu der häuslichen (Pseudo-)Harmonie aber auch schon wieder überdrüssig, verließ eilig Haus und Hof in Richtung Luzern und nahm dort seine gewohnte Tätigkeit als Dieb wieder auf, die ihn auch in die deutsche Reichshauptstadt führte. War es eine spontane Entscheidung oder eine geplante Aktion, die ihn dorthin brachte? Auch das muss im Dunkel der Geschichte bleiben.

„Vom Bahnhof Friedrichstraße ließ ich mich mit meinen Begleitern und meinem umfangreichen Gepäck in drei Landauern in den ‚Kaiserhof' bringen, eines der schönsten und größten Hotels Berlin", heißt es jedenfalls in Kapitel 23 seiner Memoiren. Fast glaubt man, harmonisches Vogelgezwitscher im Hintergrund zu hören, doch die vermeintliche Idylle trügt gewaltig. Es ist nämlich auch in Berlin, wo der Hochstapler eine kurze Phase des intellektuellen und psychischen Niedergangs erlebt. Im Hotel Kaiserhof ahnt zunächst jedoch niemand, dass vor ihnen ein Betrüger mit psychischen Problemen steht, und auch an Manolescus Privatsekretär Ignaz Skamperl hegt niemand Zweifel. Dabei ist dieser spektakuläre „Rauchkünstler", der als seltsame Attraktion namens „Prinz Nikotin" im Berliner Wintergarten auftritt und dabei unzählige Zigaretten auf einmal raucht, vor allem Manolescus Hehler des Vertrauens. Und er hält seinem Boss während der „Arbeit" den Rücken frei, nämlich immer dann, wenn Manolescu wieder einmal nonchalant in unverschlossene Hotelzimmer hineinspazieren möchte, um dann unbehelligt mit Schmuck und Bargeld zu entschwinden. Falls ihn doch jemand bemerkt, täuscht er frech vor, sich im Zimmer geirrt zu haben oder auf einen Hotelgast zu warten. Mehrere Hotels werden zum Jagdgebiet des hyperaktiven „Adligen" und seines rauchumwaberten Lakaien. Am 24. Dezember 1900 stehlen sie aus dem Hotel Bristol Schmuck im Wert von 1600 Mark, woraus in

Manolescus Memoiren auf wundersame Weise 60 000 Mark werden, wie Wulffen eindeutig nachgewiesen hat. Doch die internationalen Polizeibehörden sind nicht unclever, auch wenn Manolescu immer so tat: Am 14. Januar 1901 wird Manolescu in Genua verhaftet – eine eifersüchtige Berliner Büffetdame, mit der er angebändelt hatte, hatte ihn verraten –, und im Mai 1901 liefert man ihn nach Deutschland aus.

Im Untersuchungsgefängnis Moabit beharrt der Empörte weiterhin darauf, ein Fürst zu sein, und so bringt man ihn am 1. Oktober 1901 zur Beobachtung seines Geisteszustands in die Berliner Charité. Das Urteil der Ärzte ist vernichtend: Manolescu sei ausgesprochen geisteskrank. Doch der lacht die Diagnose einfach weg, die Geisteskrankheit sei ja nur gespielt gewesen. Doch da irrte er sich. Die Einbildungskraft des fantasievollen Lügners hatte in diesem Moment wohl sein logisches und kritisches Denken außer Kraft gesetzt, und so bildete er sich in seinem hochstaplerischen Größenwahn schlichtweg ein, die Ärzte getäuscht und überlistet zu haben. Dass die Simulation von psychischen Krankheiten wie zum Beispiel einer Psychose äußerst schwierig und selten ist, wusste schon der renommierte Arzt und Pionier der forensischen Psychiatrie und Kriminologie, Professor Gustav Aschaffenburg (1866–1944), in seinem 1903 erschienenen Hauptwerk *Das Verbrechen und seine Bekämpfung* zu berichten.

Ende Mai 1902 steht der Delinquent schließlich vor der Dritten Strafkammer des Berliner Landgerichts I. Als „im hohen Grade gemeingefährlicher Geisteskranker" wird er tatsächlich freigesprochen und am 31. Mai 1902 im „Irrenhause" von Herzberge untergebracht, eine Klinik, die heute das Evangelisches Krankenhaus Königin Elisabeth Herzberge ist. „Dégéneré", degeneriert, lautet die vernichtende Erstdiagnose an dem Tag, an dem Manolescu in die Klinik eingeliefert wird. Bald darauf bescheinigt man ihm einen „gänzlichen Mangel an ethischen Gefühlen". 400 Tage wird er dort ausharren müssen, 400 Tage mit seinem Schicksal hadern, einsam, ohne weibliche Gesellschaft, in einer kargen Gefängniszelle. Im Verlauf dieser Zeit wird er wieder durch sein erratisches Verhalten auffällig: ruhig und zufrieden versus unruhig und zuweilen verwirrt. Es scheint nur Extreme in seiner Persönlichkeit und in seinem Verhalten zu geben, Normalität kennt er nicht. Gutmütig, freundlich an einem Tag, dann wiederum hat er am nächsten Morgen absurde Sonderwünsche, was seine Verpflegung anbelangt, sodass er sich ständig beschwert. Schließlich fordert er sogar, dass man ihm eine Frau in die Zelle schicke. Als dies abgelehnt wird, schreibt er eine Liebesbotschaft an eine gewisse Madame Anna Maria Küll und fleht sie an, ihn doch in seiner Einsamkeit zu besuchen. Es gelingt ihm sogar, den Brief aus der Klinik zu schmuggeln, doch er kommt als unzustellbar zurück. Erwischt! Dennoch behält er trotz des nach wie vor ungezügelten, triebhaften und unberechenbaren Verhaltens eine gewisse Selbsterkenntnis bei. Er habe ja schon immer große Energie gehabt und sei stets abenteuerlustig gewesen. Das entspricht tatsächlich der Wahrheit, doch ist die Selbsterkenntnis auch tatsächlich der erste Schritt zur Besserung oder gar zur Genesung? Und wird diese Genesung dann auch dauerhaft sein? Einen Selbstmordversuch habe er unternommen, der schon länger zurückliege, heißt es überdies im Protokoll. Das lässt aufhorchen, und man fragt sich: Welcher normale Mensch schießt sich selbst in die rechte Brustseite?

In der Zwischenzeit hat Manolescus leidgeprüfte Ehefrau einen Antrag gestellt, ihren untreuen und unehrlichen Ehemann entmündigen zu lassen. Ein Tross von Gutachtern, darunter Koryphäen wie Medizinalrat Dr. Eugen Pfleger aus Plötzensee, rückt an und untersucht Manolescu im Auftrag des Königlichen Amtsgerichts II am 23. Mai 1903 in Herzberge, um seinen Geisteszustand festzustellen. Manolescu sitzt nun endgültig in der Falle und sieht nur einen Ausweg: Er leugnet, was das Zeug hält, und auch an die Misshandlungen gegenüber seiner Frau kann er sich beim besten Willen nicht erinnern. Es sei doch reine Erfindung gewesen, dass er ihr eines Tages einen

Gurt um den Hals gelegt und sie die Treppe heruntergeschleift habe. Und er habe sie auch nie mit einem Boot auf den See geschickt und sie dort im Regen sitzen lassen. Das alles habe seine Ehefrau doch nur aus Eifersucht erfunden. Pech für ihn, dass er aber die eheliche Untreue nicht leugnen kann, denn dafür gibt es genug Augenzeugen. So ist er in Berlin mehrmals mit verschiedenen Frauen gesehen worden. Schließlich gibt er notgedrungen zu, eine Affäre mit einer Sängerin aus dem Varieté Wintergarten gehabt zu haben, und auch mit einer gewissen Lilli Adams. „Geschlechtlich sehr aufgeregt" sei er, hält der Arzt über Manolescus Liebesleben fest. Als der Arzt den Casanova dann aber mit dessen früherer Aussage konfrontiert, es sei „nicht schade, dass man reiche Leute bestiehlt“, gibt Manolescu zum ersten Mal Schwäche zu: „Wahrscheinlich war ich krank, wie ich das gesagt habe.“ Das Protokoll endet vermeintlich hoffnungsvoll. Er habe den Jugendleichtsinn abgestreift, gehöre nicht mehr nach Herzberge, sagt der Delinquent, denn jeder Mensch komme einmal in das Alter, in dem er vernünftig werde. Und wieder sagt er: „Ich war krank. Jetzt bin ich aber gesund.“ Hartnäckig bohrt der Sachverständige in der Wunde. Und tatsächlich, Manolescu gesteht ihm und somit auch sich selbst ein, dass er in diesem mysteriösen, geistesumnebelten Zustand ein Hochstapler gewesen sei. Damit hat er endlich einmal die Wahrheit gesagt. Und überhaupt: Das Gefangenendasein habe er satt, fügt er noch entnervt hinzu, und nimmt das bald schon sehr wörtlich. Nur wenige Wochen nach der ärztlichen Untersuchung ist Dr. Pfleger davon überzeugt, dass Manolescu trotz chronischer „geistiger Schwäche“, was ihm schließlich doch die Entmündigung einbringt, anscheinend ein Mann von soliden Grundsätzen geworden sei, der mit seinem vorherigen Leben vollständig gebrochen habe. Doch dann überwältigt „der Mann mit den soliden Grundsätzen“ am 10. Juli 1903 brutal einen Pfleger, packt ihn an der Gurgel, knebelt und fesselt ihn. Er kann über eine vier Meter hohe Mauer entkommen, erreicht „quer durch die Felder um fünf Uhr morgens Berlin“, lässt sich von einer seiner diversen Freundinnen – natürlich einer Aristokratin, so behauptet er zumindest – neu einkleiden und kann anschließend mit dem Zug entkommen. Doch was macht der Flüchtige als Nächstes? In Tirol hat der seltsam Sorglose nichts Besseres zu tun, als sich gleich nach seiner Ankunft gut gelaunt in einer zünftigen

Gebäude für männliche Patienten der „Irrenanstalt“ Herzberge. Foto, vor 1901

Ledertracht fotografieren zu lassen. Das seltsame Foto findet man auch in Wulffens Studie über den Verbrecher. Dass ihm dieses Foto zum Verhängnis werden könnte, verdrängt der Delinquent in diesem Anfall von Eitelkeit, aber auch vor lauter Stolz, die dummen Polizeibehörden wieder einmal gründlich an der Nase herumgeführt zu haben. Lange hält der Triumph nicht an.

Im November des Jahres wird Manolescu schließlich aus Österreich nach Rumänien abgeschoben, damit scheint die kriminelle Energie aufgebraucht zu sein. Manolescu wird daher im Herbst 1905 aus Mailand an seinen Verleger Dr. Paul Langenscheidt schreiben: „Sie wissen, dass ich nur noch den einen Wunsch hatte, in ehrlicher Weise mir mein Brot zu verdienen und ein ruhiges, friedliches Heim, ein Glück im Winkel zu finden." Ähnliches – der Wunsch, das anstrengende Leben voller Stress zu beenden – wird zum Beispiel 1933 in der österreichischen Tageszeitung *Der Wiener Tag* berichtet, als sich der Hochstapler Rudolf Schlesinger der Berliner Polizei mit der Begründung stellte, er wolle seine Ruhe haben, weil er das abenteuerliche Leben satthabe. „Ich kann nicht mehr", mag er entnervt geseufzt haben und den Polizeibeamten die Hände in Erwartung der Handschellen entgegengestreckt haben. Freimütig beichtete Schlesinger später gramgebeugt vor Gericht, dass er tatsächlich genug von diesem Leben habe und einfach nur seine Ruhe haben wolle. Dabei weinte und zitterte der Verzweifelte sogar. Als sich die Gefängnistür hinter ihm schloss, atmete er förmlich auf, und ein ganzer Steinbruch fiel von seinem Herzen. Wie so viele seiner Zunftgenossen war er ständig von Diebstahl zu Diebstahl geeilt, von Straftat zu Straftat, von Identität zu Identität, mitunter auch von Land zu Land, wobei ganz Verwegene sogar inkognito von Kontinent zu Kontinent reisten. Ein Hochstapler mit Burn-out? Möglicherweise war Manolescu ähnlich „ausgebrannt", seiner Energie beraubt, ständig zu stehlen ist bestimmt ziemlich anstrengend. Und tatsächlich: Manolescu schwört dem Verbrechen ab und verdient zum ersten Mal ehrliches Geld. Er schreibt Artikel, natürlich über seine verwegenen Abenteuer als Dieb, denn das ist nun einmal sein Leben gewesen, ausgelöst durch einen inneren Zwang, dem er nichts entgegensetzen konnte. Als er Ende Mai 1904 immer noch nicht die gewünschte Festanstellung gefunden hat, macht er sich in Richtung New York auf, wo er seine Memoiren verfasst. Danach geht er als Goldgräber nach Alaska, bricht sich dort aber den rechten Arm. Als sich mehrere Länder weigern, den Geläuterten aufzunehmen, erbarmt sich Italien, und Manolescu lässt sich in Mailand nieder. Es scheint sein Glücksjahr zu werden: 1905 werden seine Memoiren im Berliner Verlag von Paul Langenscheidt veröffentlicht, dessen Übersetzung – Manolescu hatte sie in französischer Sprache verfasst – zu zusätzlichen verkaufsfördernden Übertreibungen und Änderungen am Text führte. Im Oktober verlobt er sich mit der Französin Pauline Tollet, die er auch heiratet. Doch im Dezember muss sein Arm operiert und im März 1906 schließlich amputiert werden, weil sich Geschwüre gebildet haben. Als dann auch noch ein Stück seiner Schulter entfernt werden muss, erholt sich Manolescu, seines ursprünglichen „Arbeitswerkzeugs" beraubt, besiegt durch eine Laune der Natur, nicht mehr. 1907 kommt sein Sohn Claude zur Welt, ein Jahr später, am 2. Januar 1908, stirbt Manolescu im Alter von nur 37 Jahren in Mailand – als junger alter Mann.

Nach seinem Tod wurde der Manolescu-Mythos durch Filme wie *Manolescus Memoiren* von Richard Oswald mit dem sinister aufspielenden Conrad Veidt in der Hauptrolle am Leben gehalten, in dem 1920 die vermeintliche Liebesgeschichte zwischen Manolescu und seiner verarmten Gräfin aufgegriffen und der vergeistigte Kriminelle geläutert wurde und ihr zuliebe seinem abenteuerlichen Leben abschwor. Dass Manolescu aber seiner ersten Ehefrau gegenüber ein sehr merkwürdiges, erratisches und brutales Verhalten an den Tag legte, spart dieser Liebesfilm aus. Thomas Mann wurde durch Manolescu zu seinen 1954 erschienenen *Bekenntnisse des Hochstaplers Felix Krull* inspiriert. Und heute verfolgen Leser erneut gebannt Manolescus Abenteuer, wobei man vor lauter Spannung schon einmal vergessen kann, dass man es nicht nur mit einem Kriminellen, sondern auch mit einem psychisch Kranken zu tun hat. 2021 sorgte der Hochstapler in dem Film *Bekenntnisse des Hochstaplers Felix Krull* von Detlev Buck nach dem Roman von Thomas Mann erneut auf der Leinwand für Furore. Manolescu hatte Mann einst als Vorbild für das Buch gedient. Die posthume Manipulation des Lesers oder Zuschauers funktioniert nach wie vor bestens, dies aber mit viel Charme. Der Abenteurer, der verwegene Dieb, die Legende – sie überlagern das negative, das tragische Element seiner Geschichte: den getriebenen Menschen, den dauerhaften Lügner, das seltsame kriminalistische Phänomen. Den Menschen, den innere Zwänge fast schon wie einen Gepeitschten von Verbrechen zu Verbrechen taumeln ließen, ohne ihm jedoch jemals die wahre Fähigkeit zum Genießen zu geben. Am Schreibtisch resümierte Manolescu mit der Feder in der Hand sein Leben, wurde zu allem Überfluss auch noch zum literarischen Hochstapler, schuf so die Legende vom „König der Diebe", der sich in maßloser Selbstüberschätzung, ausgelöst nicht zuletzt durch eine psychische Störung, sogar einbildete, die Ärzte getäuscht zu haben. Doch am Ende lag er am Boden, besiegt von seiner eigenen zwanghaften Natur, von der nicht aufzuhaltenden Krankheit, der der Mensch Manolescu nichts mehr entgegensetzen konnte. Bezwungen aber auch durch seine Gier nach Reichtümern, Gold und Glanz. Die Gier eines Menschen, der seine Lebenskraft, sein Nervenkostüm durch eine rasante Abfolge von Diebstählen, amourösen Abenteuern, Spielexzessen mit hohen Geldverlusten und Freiheitsstrafen unwiderruflich selbst zerstört hatte. Weil er es konnte, aber auch, weil er es musste.

1929 wurde Manolescus Leben mit Iwan Mosjukin und Brigitte Helm in den Hauptrollen verfilmt.

In der Nähe der italienischen Grenze liegt der Ort Menton an der Côte d'Azur. Wer den „Fürst der Diebe" besuchen will, muss den Cimetière du Trabuquet suchen, wo sich das Grab der Hochstapler-Legende befindet. Mit ihm dort beerdigt wurden seine zweite Ehefrau, seine Schwiegermutter und sein Sohn – Tochter Jeanne starb bereits 1940 in Warschau. Es ist eine auffallend schlichte Grabstätte, eigentlich eines „Fürsten" unwürdig, der der irrigen Ansicht war, dass ihm der Reichtum aufgrund seiner bloßen Existenz zustünde: „Warum soll ich, Fürst Lahovari, Weihnachtsfest mit Pilsener Bier verleben und andere mit Sekt!" Aber im Tod sind nun einmal alle gleich, und darum muss sich auch der Fürst fügen, ob er nun will oder nicht. Vermutlich würde es ihn doch ein kleines bisschen stolz machen, dass nach seinem Tod eine weltweite „Manolescu-Manie" ausbrach, er bis heute unvergessen ist und ihn sich viele seiner geistigen Nachfahren, ob nun bewusst oder unbewusst, zum Vorbild nahmen. Max Schiemangk, bitte vortreten!

DER KRUG GEHT SOLANGE ZUM WASSER, BIS ER BRICHT

MAX SCHIEMANGK: HOCHSTAPLER

Schlimmer als Knochen

Der perfekt gekleidete Gentleman blickt forsch in die Kamera. Sein Maßanzug sitzt exakt, der akkurat gestutzte Schnurrbart à la Wilhelm II. – das i-Tüpfelchen des ganzen Ensembles – weist an den Enden keck nach oben. Das pomadige Haar sieht aus wie glatt gebügelt, ein blütenweißes Taschentuch ragt aus der Brusttasche. Kann dieser reizende und adrette Mann denn tatsächlich ein Verbrecher sein? Die Antwort lautet uneingeschränkt: Ja! Und so bekommen auch seine hinter dem Rücken verschränkten Arme, die keinen Blick auf seine Hände zulassen, eine ganz neue Bedeutung: Was verbirgt er da bloß? Einen Blumenstrauß oder etwa einen Revolver? Die Antwort bleibt er dem Betrachter natürlich schuldig. Max Schiemangk, so der Name des vermeintlichen Dandys, zählt heute zu den vergessenen Kriminellen. Sein einstiger „Ruhm", der zuverlässig die Tageszeitungen vieler Länder mit Schlagzeilen füllte, ist längst verblasst. Sein Schicksal interessierte die Leser nicht mehr, nachdem er aus den Zeitungen verschwunden war. Was seine kriminellen Kapriolen anging, so stand der damals nicht minder legendäre Hochstapler

Schiemangk zu seinen aktiven Zeiten Manolescu jedoch in nichts nach, wenn auch auf etwas andere Art und Weise und mit anderen Prioritäten.

Der am 31. August 1869 im südbrandenburgischen Staupitz bei Finsterwalde als Sohn des Kaufmanns und Stellmachermeisters Friedrich August Schiemangk und dessen Ehefrau Johanna Wilhelmine geb. Terno geborene (Friedrich August Albert) Max Schiemangk wird schon früh durch seine Unstetigkeit und Unangepasstheit auffällig. Er ist ein schlechter Schüler, auf dem Gymnasium in Luckau sitzt er mit 15 Jahren noch in der Tertia, seine Mitschüler unterhält er mit zahlreichen Streichen. Sein Vater hat ein Einsehen mit ihm und schickt den Jungen als Schreiber zu einem Rechtsanwalt. Doch auch der Versuch, ihn in solide bürgerliche Bahnen zu lenken, scheitert. Max' Entschluss steht nun fest: Er möchte Soldat werden. Dann kann er endlich eine Uniform tragen, was er sich schon länger wünscht. Diesen Fetisch wird er zeit seines Lebens beibehalten. Erneut gibt der Vater nach und schickt ihn auf die Unteroffiziersschule nach Westburg, wo der Junge nach kurzer Zeit mit anderen Kameraden aneinandergerät. Als nächste Station, die ihm der mittlerweile ratlose Vater bietet, folgt die Unteroffiziersschule in Potsdam, wo es zum ersten Mal zu Betrügereien kommt und Max der Schule verwiesen wird. Auch das Pionierbataillon in Torgau, dem er als Freiwilliger für drei Jahre beitritt, kann den jungen Mann nicht bändigen. Nun zeigt sich verstärkt eine gewisse kriminelle Energie. Max begeht mehrere Diebstähle, die schließlich am 9. November 1886 zu seinem ersten, fünftägigen Gefängnisaufenthalt inklusive militärischer Degradierung führen. 1889 wird er schließlich von der entnervten Militärbehörde „wegen moralischer Unbrauchbarkeit" entlassen, die der auch als Urkundenfälscher sehr talentierte Schiemangk kurzerhand in „wegen körperlicher Unbrauchbarkeit" ändert. Entspannt entschwindet er erst einmal in das Land der unbegrenzten Möglichkeiten. Am 8. Dezember 1889 reist er mit dem Dampfschiff *Gellert* von Hamburg nach New

York und tritt als Erstes in dem etwa 130 Kilometer nördlich von New York City gelegenen Ort Poughkeepsie in zweifelhafte Erscheinung. Seine Karriere als sehr aktiver, aber auch äußerst kreativer Betrüger, die die Kaiserzeit in dem ihr eigenen militärischen Wahn hervorgebracht hat, hat begonnen. Sie steht unter dem Motto „Mehr Schein als Sein", das sich auch schon Manolescu erfolgreich in Berlin zu eigen gemacht hatte. Und dort wird auch Schiemangk irgendwann unweigerlich landen.

Die Lebensstationen eines derart geschickten Hochstaplers zu verfolgen ist extrem schwierig. Taucht Schiemangk an einem Ort auf, dauert es nicht lange, bis er wieder vom Radar verschwindet, flink wie ein Wiesel und verwandlungsfähig wie ein Chamäleon. Fast hat es den Anschein, als habe er sich von seinem eigenen Schicksal unbekümmert treiben lassen, dies jedoch stets mit einem wachsamen Auge und deutlichem Gespür für drohende Gefahr. Seine Aufenthaltsorte, so unübersichtlich und unklar wie seine eigenen Aussagen: Vom Eintritt in die amerikanische Armee als Pionier ist 1899 vor dem Schwurgericht des Berliner Landgerichts I die Rede, in Amerika will er sich langsam, aber stetig in der Rangordnung emporgearbeitet haben, vom Premierleutnant (1894) bis hin zum Hauptmann (1895). Beweise kann er jedoch nicht vorlegen. Nachweislich reist er 1895 in seine alte Heimat zurück, um seine Eltern zu besuchen. Auf einer Passagierliste von Hamburg nach New York vom 25. November 1895 ist er als Kaufmann „Max di Schiemangk" mit dem Wohnort New York verzeichnet, er hat jedoch das vermutlich wenig komfortable Zwischendeck gebucht. Doch er kommt nicht weit: In Hamburg kehrt er erst einmal, sorglos wie einst Manolescu, in eine zwielichtige Hafenkaschemme ein, anstatt unterzutauchen, da er wegen Amtsanmaßung gesucht wurde, wird auch prompt wegen Zechprellerei festgenommen und taucht kurze Zeit später wieder in Amerika auf. Dort kommt Schiemangks narzisstischer Hang zum Posieren in militärischen Uniformen, die ihm gar nicht zustehen, ungehemmt zur freien Entfaltung. Zunächst versucht er 1896, sich in Ford Wadsworth bei New York als Soldat zu melden, desertiert aber bereits nach drei Monaten. Seine Selbstverliebtheit und sein hochstaplertypischer Geltungsdrang kennen nun keine Grenzen mehr. Schiemangk hat sich selbst zunächst mental, dann auch äußerlich zum Offizier befördert und tritt zum Beispiel als beurlaubter Garnisonshauptmann, der ein Infanterie-Ausrüstungspatent verkaufen will, beim 2. Artillerieregiment in San Francisco auf. Mit militärischen Erfindungen tingelt er durch das Land, um sie teuer zu verkaufen. Mehrmals erhält die amerikanische Botschaft in Berlin Anfragen nach dem mysteriösen „Hauptmann" Schiemangk, den sie jedoch nicht in den einschlägigen Ranglisten finden kann. 1896 reist Schiemangk zunächst wieder für kurze Zeit nach Berlin zurück. Zurück lässt er seine Ehefrau, Amalie geb. Wendt, die er am 25. September 1893 unter falschem Namen und mit falschen Papieren in Poughkeepsie geheiratet hat, und einen kleinen Sohn, der 1894 zur Welt kam und denselben Vornamen erhielt wie sein Vater. Die arme Amalie ahnt jedoch noch nichts davon, dass sie einem Bigamisten zum Opfer gefallen ist. Später wird sie die Ehe annullieren lassen und erneut heiraten. Ihr neuer Ehemann Fred Arnold adoptierte Max, und so wurde aus ihm Max Arnold, sein Leben verlief ohne kriminelle Auffälligkeiten. Seinen richtigen „Vater" bekam er nur ein einziges Mal in seinem Leben zu Gesicht.

In Berlin lässt sich Max Schiemangk von einem Schneider zunächst eine fesche Gala-Uniform anfertigen. Der chronische Lügenbold, dem es große Freude macht zu schwindeln, hofft in seinem Größenwahn, dass er sich damit endlich dem Kaiser vorstellen darf, nachdem er schon erfolgreich, aber widerrechtlich an einer Militärparade auf dem Tempelhofer Feld teilgenommen hat. Was war das damals für ein Tag! Die Königsdisziplin für den militärbegeisterten Betrüger hatte er mit Bravour gemeistert. Die bewundernden Blicke, das Raunen, das durch das Publikum ging, als man ihn zum ersten Mal endlich wirklich wahrnahm – Max hatte den Tag genossen wie schon lange

wie Knochen

keinen mehr. Und niemand im Publikum wäre je auf die Idee gekommen, die Integrität dieses mustergültigen Preußen in Uniform anzuzweifeln.

Mitgebracht nach Deutschland hatte Max diesmal aber nicht nur seine zuverlässig überbordende Chuzpe, sondern auch Erfindungen (natürlich für das Militär gedacht), die sich der „Ingenieur" nun patentieren lassen will. Auch ein Empfehlungsschreiben auf einem echten Papierbogen des österreichischen Kriegsministeriums hat er im Gepäck. Die Polizei steht später vor dem Rätsel, woher Schiemangk diesen Bogen hatte. Doch der Schwindel fliegt auf, und Schiemangk sitzt zunächst für mehrere Monate wegen Urkundenfälschung und Betrugs in Untersuchungshaft und steht schließlich vor Gericht. In Berlin verurteilt man ihn zu dreieinhalb Jahren Gefängnis, 1902 kommt er frei. Natürlich ist in dieser Zeit keinerlei Läuterung und Reue entstanden. Auch in den folgenden Jahren beschäftigt Schiemangk die Polizei immer wieder und sorgt unermüdlich für Schlagzeilen. Im Januar 1904 verlobt er sich mit einer Kapitänstochter, die 10 000 Mark mit in die Ehe bringen will. Gleichzeitig ist er aber seit 1903 mit Mary „di Schimang" verheiratet, die unter diesem Namen auf einer Passagierliste der *Pennsylvania* auftaucht und von Hamburg nach New York reist. In Berlin wird Schiemangk schließlich erneut verhaftet, wobei er eine unglaubliche Gelassenheit an den Tag legt. Von Reue keine Spur, im Gegenteil: Er bedauert, das Geld nicht rechtzeitig von seinem Schwiegervater in spe erhalten zu haben, um damit noch „einige frohe Tage" zu verleben. Völlig gelassen und ohne jegliches Unrechtsbewusstsein nimmt er sein Schicksal an und bemerkt bei seiner Verhaftung lapidar: „Der Krug geht so lange zum Wasser, bis er bricht."

1907 zeigt sich Schiemangks chronischer Größenwahn, eines der charakteristischsten Merkmale von Hochstaplern, auch an dieser seltsamen Begebenheit: Der Betrüger erscheint bei einem Berliner Heiratsvermittler und verkündet dem erstaunten Mann, dass er eine Frau mit mindestens einer Million

Vermögen suche. Sein „Bewerbungsschreiben“, das er dem Heiratsvermittler zurücklässt, spricht Bände: „Comte du Passy, Maximilian, Oberstleutnant im Generalkonsulat der Vereinigten Staaten, New York, Fort Hamilton, 1869 zu Mexiko geboren, war aktiver Offizier, hat ein Gut, 55 000 Mark wert, 14 000 Mark Einkommen, spricht Englisch, Deutsch, Spanisch, Arabisch, Türkisch, Russisch, ist sehr musikalisch und Erfinder auf militärischem Gebiete.“

Und wieder wechselt Schiemangk den Schauplatz des Verbrechens: Im Oktober 1907 verhaftet die Wiesbadener Polizei auf Veranlassung der Berliner Polizeibehörden den „Grafen de Passy“, der in Berlin zum wiederholten Male auf angebliche Brautschau gegangen war, die jeweilige Auserwählte mit exotischem militärischem Ornat und perfekten Manieren zutiefst beeindruckt und ihr die Ehe versprochen hatte. Nach einer angeblich vorübergehenden Geldnot hatte der verständnisvolle Brautvater mit einem großzügigen Geldbetrag ausgeholfen, dann aber Verdacht geschöpft, sodass Schiemangk diesmal das Nachsehen hatte.

1911 schließlich erreichen die kriminellen Kapriolen des notorischen Verbrechers ihren Höhepunkt: insgesamt 17 Staatsanwaltschaften in Deutschland und im Ausland suchen unter Hochdruck nach dem talentierten Schwindler und Abenteurer mit der blühenden Fantasie. Seine Lügen werden immer einfallsreicher, und auch seine Ansprüche steigen zunehmend. Schon lange nennt er sich nun „Graf de Passy“ und erzählt die Mär, dass ihn ein Adliger adoptiert habe, den er nach seinen schweren Verletzungen im spanisch-amerikanischen Krieg gepflegt habe, sodass er selbstverständlich berechtigt sei, diesen Namen zu tragen. Es ist offensichtlich, dass Schiemangk ein pathologischer Lügner ist, für den es schon lange kein Zurück mehr gibt, der nun aber auch anfängt, die geistige Herrschaft über seine Lügen und Fantasien zu verlieren, sodass er in letzter krankhafter Konsequenz völlig daran zu glauben scheint, dass alles wahr sei. Von einem Arzt wird ihm tatsächlich „eine auf krankhafter

Grundlage beruhende phantastische Lügenhaftigkeit" bescheinigt, also eine „Pseudologia phantastica" konstatiert, die den Kranken wie einen Rausch erfasst. Im selben Jahr erliegt eine junge Heilbronnerin seinem Charme in dem Glauben, Schiemangk sei ein General und reicher Graf mit einem Schloss ganz in der Nähe der Stadt. Die verliebte Frau hofft, mit ihm dort bald als Burgfräulein einziehen zu können. Doch erneut macht der Vater der Braut Schiemangk einen Strich durch die Rechnung. „Graf de Passy", der sich in Berlin mit seiner Verlobten in einem vornehmen Hotel eingemietet hat, wittert jedoch rechtzeitig die drohende Gefahr, entkommt zunächst nach Frankfurt am Main, wo er aber schließlich festgenommen wird. Man bringt ihn ins Heilbronner Gefängnis, wo es zu einem veritablen Schurkenstück kommt: Mit der Hilfe eines oder mehrerer Komplizen kann er trotz Fußfesseln in Frauenkleidern entkommen und ward nicht mehr gesehen – zumindest nicht in Heilbronn. Am 28. April 1911 nimmt man den angeblichen „Ingenieur Wendt" alias Max Schiemangk in Lehde im Spreewald fest. Doch schon im August 1911 ist er erneut in Amerika zugange und heiratet am 29. August in New York als „Count de Passy" Laila Allendorf, benutzt aber weiterhin wahlweise die Namen „Graf Max Rochus von Lynar", „Graf de Passy-Chiman" und „Max Chimang". Nur drei Monate später, am 14. November 1911, verheiratet er sich in England auch noch mit Rose O'Brien. Diese wird ihm 1915 mit zum Verhängnis. Schiemangk wird als Bigamist enttarnt, weist aber empört jegliche Anschuldigungen vehement von sich und behauptet nach wie vor, er sei der „Graf Maximilian Rochus de Passy Lynar Louden". Seine beiden Ehefrauen Rose O'Brien und Amalie Wendt können ihn jedoch bei einer Gegenüberstellung zweifelsfrei als äußerst unadelig, dafür aber bigamistisch identifizieren, sodass Schiemangk zum ersten Mal das berühmt-berüchtigte New Yorker Gefängnis „Sing Sing" kennenlernt. Er

Sterbeurkunde „Marcel de Passy de Chimangs"

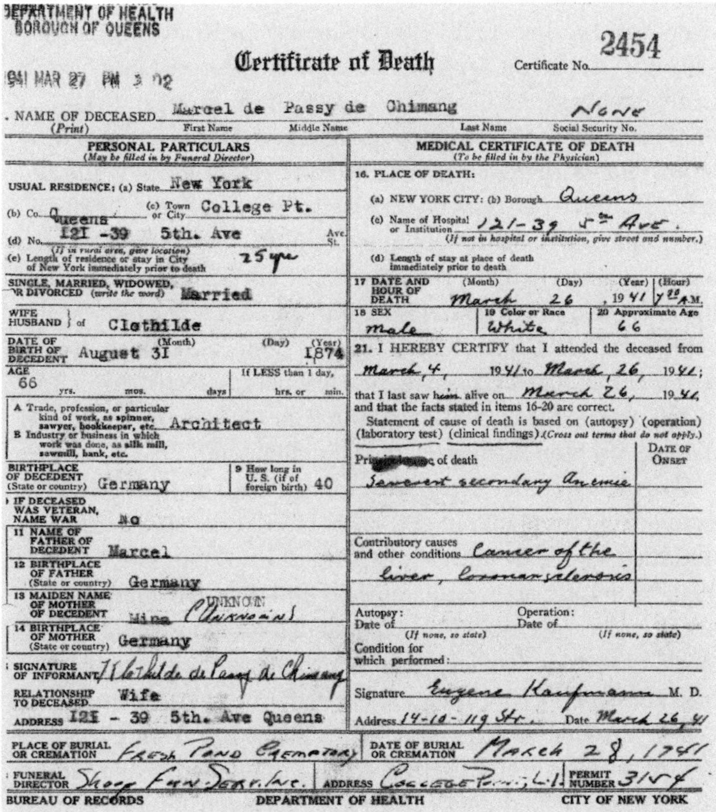
DEPARTMENT OF HEALTH
BOROUGH OF QUEENS
1941 MAR 27 PM 3 02

Certificate of Death

Certificate No. 2454

NAME OF DECEASED (Print) Marcel de Passy de Chimang — First Name / Middle Name / Last Name — Social Security No. None

PERSONAL PARTICULARS (May be filled in by Funeral Director)

USUAL RESIDENCE: (a) State New York
(b) Co. Queens (c) Town or City College Pt.
(d) No. 121 -39 5th. Ave
(e) Length of residence or stay in City of New York immediately prior to death 25 yrs
SINGLE, MARRIED, WIDOWED, OR DIVORCED (write the word) Married
WIFE / HUSBAND of Clothilde
DATE OF BIRTH OF DECEDENT (Month) August (Day) 31 (Year) 1874
AGE 66 yrs. mos. days — If LESS than 1 day, hrs. or min.
A Trade, profession, or particular kind of work, as spinner, sawyer, bookkeeper, etc. Architect
B Industry or business in which work was done, as silk mill, sawmill, bank, etc.
BIRTHPLACE OF DECEDENT (State or country) Germany
9 How long in U. S. (if of foreign birth) 40
IF DECEASED WAS VETERAN, NAME WAR No
11 NAME OF FATHER OF DECEDENT Marcel
12 BIRTHPLACE OF FATHER (State or country) Germany
13 MAIDEN NAME OF MOTHER OF DECEDENT Mina (Unknown) UNKNOWN
14 BIRTHPLACE OF MOTHER (State or country) Germany
SIGNATURE OF INFORMANT Clothilde de Passy de Chimang
RELATIONSHIP TO DECEASED Wife
ADDRESS 121 - 39 5th. Ave Queens

MEDICAL CERTIFICATE OF DEATH (To be filled in by the Physician)

16. PLACE OF DEATH:
(a) NEW YORK CITY: (b) Borough Queens
(c) Name of Hospital or Institution 121-39 5th Ave. (If not in hospital or institution, give street and number.)
(d) Length of stay at place of death immediately prior to death
17 DATE AND HOUR OF DEATH (Month) March (Day) 26 (Year) 1941 (Hour) 7.20 A.M.
18 SEX male
19 Color or Race White
20 Approximate Age 66
21. I HEREBY CERTIFY that I attended the deceased from March 4, 1941 to March 26, 1941; that I last saw him alive on March 26, 1941 and that the facts stated in items 16-20 are correct.
Statement of cause of death is based on (autopsy) (operation) (laboratory test) (clinical findings). (Cross out terms that do not apply.)
Principal cause of death — Date of Onset
Severe secondary Anemie
Contributory causes and other conditions Cancer of the liver, Coronarsclerosis
Autopsy: Date of (If none, so state) — Operation: Date of (If none, so state)
Condition for which performed:
Signature Eugene Kaufmann M. D.
Address 14-10-119 Str. Date March 26, 41

PLACE OF BURIAL OR CREMATION Fresh Pond Cemetary
DATE OF BURIAL OR CREMATION March 28, 1941
FUNERAL DIRECTOR Shoop Fun. Serv. Inc.
ADDRESS College Point, L.I.
PERMIT NUMBER 3154

BUREAU OF RECORDS — DEPARTMENT OF HEALTH — CITY OF NEW YORK

sitzt die Strafe ohne größere Zwischenfälle ab, die Gefängnistür öffnet sich irgendwann wieder für ihn, und Erleichterung macht sich breit. Wie immer ist von Läuterung nichts zu merken, und auch den unrechtmäßigen Adelstitel mag er partout nicht ablegen. 1917 registriert er sich unter dem Namen „Max Lynar di Passy de Chimang“ als amerikanischer Soldat für den Ersten Weltkrieg. In seiner Eitelkeit gibt er sein Geburtsjahr falsch mit 1874 an, macht sich bei dieser Gelegenheit also sechs Jahre jünger. Amerikanischer Staatsbürger ist er tatsächlich aber schon seit Jahren, den entsprechenden Antrag hat er bereits kurze Zeit nach seiner ersten Einreise vor dem Duchess County Court

(New York) gestellt. Erst 1919 scheinen seine Kräfte nachzulassen, auch das kennt der Leser bereits von Georges Manolescu. Erneut geht es nach „Sing Sing", wo er diesmal wegen Urkundenfälschung für 114 Tage einsitzen muss. Und auch 1926 wird er dort für 48 Tage wegen Tragens einer gefährlichen Waffe eingeliefert. Seine persönliche Habe besteht bei seiner Aufnahme am 22. Juni aus „mehreren Pfandleihquittungen, einem Messer, einem Schlüssel und 10 Dollar und 28 Cent". Ein Leben voller Rastlosigkeit, in ewiger Kriminalität, und das war alles, was ihm geblieben ist? Da hatte Manolescu bei seinem Tod doch mit etwas mehr aufwarten können, sein Nachlass soll aus „zwölf Anzügen, vierzig Seidenhemden, zehn Paar Lackschuhen und einem gefälschten Adelsbrief" bestanden haben.

Zwei Jahre später, am 7. November 1928, verstirbt Schiemangks Ehefrau Laila „de Passy" in New York. 1930 muss Max, der mittlerweile 61 Jahre alt ist, erneut ins Gefängnis. Noch 1940 behauptet er, Erfinder zu sein und für die Regierung zu arbeiten, inzwischen ist er sogar sieben Jahre jünger als in Wirklichkeit. Zudem lebt er schon wieder mit einer neuen Ehefrau zusammen, Klothilde „de Passy di Chimang", die mit ihren 36 Jahren deutlich jünger ist als er. Sie beantragte 1935 ihre amerikanische Einbürgerung. Doch Anfang der 1940er-Jahre geht Max Schiemangks „Karriere" als Hochstapler, Heiratsschwindler und Fälscher schließlich zu Ende. In diesem Jahr findet man ihn noch mit seiner Ehefrau Klothilde unter der Adresse College Place in New York.

Max Schiemangk, zweifelsohne einer der originellsten Hochstapler seiner Zeit, jedoch völlig frei von Reue und Skrupel, verstirbt am 26. März 1941 in Queens, New York, an einer schweren sekundären Anämie, Leberkrebs und Herzkranzgefäßverkalkung. Selbst im Tod wahrt er den Schein, er stirbt als „Architekt Marcel Dechimang". Mit ihm hauchen auch Count Rochus M. zu Lynar, Max Louden, Albert Marcel Count de Passy und sicherlich noch etliche andere falsche Identitäten ihr Leben aus. Die sterblichen Überreste des brandenburgischen

Hochstaplers werden im Krematorium von Fresh Pond eingeäschert.

Zurück bleibt ein zwiespältiges Gefühl, was die Beurteilung dieses Menschen angeht, weil es vor allem über seine Kindheit keine Quellen gibt und man sich so kein vollständiges Bild von ihm machen kann. Zudem fehlen umfangreiche eigene Aussagen von Schiemangk, die einen tieferen Einblick in seine Psyche geben könnten. Zunächst betrachtet man voller Staunen seine Fähigkeit, dermaßen in verschiedenen Rollen aufzugehen, dass die wahre Persönlichkeit des Hochstaplers, die bis zum Schluss rätselhaft bleibt, dahinter völlig verschwindet. Von diesem äußerst ausgeprägten Talent kann jeder angehende Method Actor nur träumen, der sich diese Fähigkeit mitunter mühsam an einer Schauspielschule antrainieren muss. Es ist schon beeindruckend, in welchem Tempo und mit welcher Flexibilität Schiemangk die Rollen wechseln konnte. Auch das ständige Wechseln des Lebensortes und das sofortige Sich-einstellen-Können auf völlig neue Gegebenheiten – und dabei noch den Überblick zu behalten – sind Fähigkeiten, die heutzutage eigentlich ideale Grundvoraussetzungen für ein erfolgreiches Berufsleben wären. Doch wann kam es zu dem alles entscheidenden Punkt, an dem Schiemangk sich gegen ein konventionelles Leben entschied und sozusagen zum Rebellen wurde? Was war der konkrete Auslöser dafür, dass er seine überbordende Energie nicht in geordnete und vor allem seriöse Bahnen lenken konnte und/oder wollte und mehrere Persönlichkeiten zum Zweck des Betrügens entwickelte? Dies sind Fragen, die in diesem Fall wohl nicht mehr geklärt werden können. Oberflächlich betrachtet, führte Schiemangk ein unkonventionelles Leben: hedonistisch, größenwahnsinnig, notorisch lügend, unstet, unangepasst – ein würdiger Nachfolger Manolescus. Hinzu kam bei ihm die ungewöhnlich stark ausgeprägte Faszination für alles Militärische und vor allem Uniformen. Durch ihr Tragen und das Hantieren mit Waffen wollte er sich zusätzlichen Glanz verleihen und die Umwelt mit einem schönen Schein blenden, nicht zuletzt, um auch möglichst viele Frauen zu beeindrucken. Es war nicht zuletzt auch eine Gier, die ihn antrieb – nach Anerkennung, Frauen und Geld. Sie war so stark, dass sie ein rationales Handeln völlig ausblendete und die verschiedenen Identitäten in einem einzigen Körper und Geist zunächst harmonisch nebeneinander existierten und bei Bedarf abgerufen werden konnten. Dass er mit seinem Handeln auch stets eine Spur der Verwüstung hinterließ, auch emotional gesehen, scheint Schiemangk dabei völlig gleichgültig gewesen zu sein. Dies belegt auch der gefühlskalte Umgang mit seinem Sohn Max, den er vehement verleugnete, so wie auch Manolescu seine Tochter nach seiner Flucht aus Hoyren nie wiedergesehen hat. Max Schiemangsk lebte – wie Manolescu – nach seiner Entscheidung gegen alle Konvention und ohne Empathie, stets auf Kosten anderer. Dabei hätte er es mit seinem großen technischen Verständnis, das tatsächlich zu etlichen Erfindungen im maritim-militärischen Bereich geführt hat, vielleicht auch ohne Betrügereien weit bringen können.

KARPFENKLAU UND KLUNKERSUCHT

FRITZ LANDAU: JUWELENDIEB

Dresden, Fiedlerstraße 3, Neuer Jüdischer Friedhof. Besucht man dessen neuen Teil, so steht man in der Reihe 21, Platz 4 bald vor einem dieser typischen schlichten schwarzen Grabsteine. Und man erkennt, dass schon lange niemand mehr dieses Grab besucht hat. Kein einziges Steinchen ziert, wie sonst üblich, zum Gedenken an den Verstorbenen den dunkeln, mit Absicht wenig individuell gestalteten Grabstein. „Hier ruht in Frieden unser lieber Bruder Fritz Landau, geb. 19. 1. 1878, gest. 4. 11. 1931“. Nichts lässt erkennen, dass an dieser Stelle einer der berüchtigsten Fassadenkletterer Deutschlands begraben wurde. Der Mann starb verarmt und todkrank. Von dem einst so schillernden Kriminellen war nur noch eine schwache Hülle übriggeblieben, ein Wrack, das man auf einer Bahre in den Gerichtssaal tragen musste, weil der Verbrecher so krank war. Nach der letzten Entlassung aus dem Gefängnis führte der Weg auch schnurstracks in den frühen Tod und das Vergessen.

Es war im Jahr 1897, als Fritz Ephraim Landau zum ersten Mal auffällig wurde. Ein harmloser Schülerstreich, hätte man damals noch vermuten können, als der junge Mann mehrmals große Karpfen aus dem Dresdner Carolasee fischte. Der König war nicht begeistert, die Mutter Landaus auch nicht. Nach einer gehörigen Standpauke hätte Fritz durchaus ein Einsehen haben können, und diese kurze kriminelle Episode wäre für immer beendet gewesen. Doch es sollte anders kommen. Denn da war etwas in ihm, eine unbestimmte Verlockung, der große Reiz des Verbotenen, ein Sog, dem er sich nicht entziehen konnte und den er sich selbst nicht erklären konnte. Er wusste nur: Er musste es einfach tun! In diesen Momenten, in denen er des Morgens – der Nebel waberte noch geheimnisvoll über den Bäumen – mit der Angel in den Schlossgarten schlich, war er nicht nur aufgeregt, voller Angst, dass man ihn entdecken könnte, nein, da war auch noch ein anderes Gefühl: Er war glücklich. Er hatte die endlose Routine des Tages durchbrochen – als Handlungsgehilfe langweilte er sich ganz fürchterlich –, endlich erlebte er etwas! Die Gefahr blendete er in diesen Momenten aus, die aufmerksamen Parkwächter, die ihn jederzeit erwischen konnten. Alles, was er wollte war, diesen Karpfen aus dem See zu ziehen, koste es, was es wolle. Dann würde er ihn für teures Geld verkaufen, um sich damit einen schönen Tag zu machen. War das denn wirklich zu viel verlangt? Was war so falsch daran, sich schöne Kleidung zu wünschen, ein feudales Leben, bewundernde Blicke auf sich zu ziehen? Natürlich nichts, allerdings nur dann, wenn Fritz sich für die Finanzierung eine legale Tätigkeit gesucht hätte, was er allerdings

gar nicht in Erwägung zog. Die Mutter, Adelheid geb. Guth, die aus dem böhmischen Teplitz stammte, hatte alle Hände voll zu tun, ihre Kinder zu ernähren. Der Vater, Fischel Landau, in Konstantinopel geboren, war im Israelitischen Gemeindehospital zu Frankfurt am Main gestorben, als Fritz gerade zehn Jahre alt war. Im selben Jahr, als man ihren Sohn beim illegalen Karpfenfischen erwischte, meldete sie beim Dresdner Gewerbeamt ein Geschäft an. Adelheid handelte mit getragenen Kleidungsstücken, das Geschäft sollte sich sehr gut entwickeln. Außer Fritz hatte sie noch vier weitere Kinder.

Auch die Geschichte von Fritz Landau lässt uns rätseln: Was ist das bloß tief im Inneren der Hochstapler, die zumeist auch als diebische Elstern unterwegs sind? In welchem Moment entscheiden sie sich, für immer als Kriminelle zu leben? Es hat den Anschein, als entwickle diese „Karriere" eine unwiderstehliche Eigendynamik, die der- oder diejenige nicht mehr durchbrechen kann, zumindest nicht aus eigener Kraft. Wann war es bei Fritz soweit, dass er nicht mehr zurückkonnte? Dass er wusste, er würde seine Familie enttäuschen, aber trotzdem weitermachte? Dass es so kam, wie es kommen musste? Der Karpfenklau, für den Fritz acht Tage ins Gefängnis wanderte, war der Beginn seiner kriminellen Karriere, die zwar – grob betrachtet – anderen durchaus ähnelte, aber auch gewisse Abstufungen enthielt, unterschiedliche Nuancen und Schweregrade der Kriminalität oder auch variierende Schwerpunkte beziehungsweise Süchte. Bei Fritz war es die Spielsucht, die ihm das Genick brach, ihn alle Hemmungen verlieren ließ, bis er sich völlig im Sog der schönen Stunden am Spieltisch verlor, sodass er wohl nie wieder ein bürgerliches Leben führen würde. Hochstapler können sich zwar wie Chamäleons an Gegebenheiten anpassen, sie spielen dann aber nur eine Rolle, für sie zählt immer

Im Carolasee in Dresden fischte der junge Fritz Landau unerlaubterweise Karpfen.

nur der Moment. Ein ruhiges Leben ohne ein gewisses kriminelles Element ist ihnen ab einem bestimmten Zeitpunkt kaum mehr möglich. Spätestens in diesem alles entscheidenden Moment stellen sich die Weichen für ihre Zukunft, dann können sie nicht mehr anders handeln. Ihre Geltungssucht ist pathologisch geworden, sie sind Gefangene ihrer eigenen Zwänge. Ihr Bewusstsein scheinen sie dabei durchaus aufspalten zu können, die verschiedenen Persönlichkeiten, die sie in sich vereinen, sind auf Kommando abrufbar und werden perfekt umgesetzt. Und auch Fritz war ein Schauspieler auf der Bühne des Lebens.

Fritz war also seinem inneren Drang gefolgt und hatte sich für ein Leben als Krimineller entschieden. Und das ohne Rücksicht auf Verluste, vor allem auf den Ruf seiner Mutter Adelheid und seiner Geschwister, die sich alle in Dresden ein geordnetes Leben mit einem gewissen Wohlstand hatten erarbeiten können. Vielleicht fühlte er sich ihnen unterlegen, und es war daher kein Zufall, dass er zu Beginn seiner Karriere als Hochstapler seine neue Identität im wissenschaftlichen Bereich suchte, nämlich als „Dr. med". Dabei war er immerhin so schlau, den falschen Doktortitel nicht in Dresden zu verwenden, wo ihn viele Menschen kannten, sondern in Teplitz, der Heimatstadt seiner Mutter. Noch war er nicht unwiderruflich für die bürgerliche Welt verloren, noch hätte er die Chance gehabt, sein unstetes Leben zu beenden. Lösen konnte er sich von seiner Familie und seiner Heimatstadt Dresden noch nicht. Sein hochstaplerisches und diebisches Jagdgebiet suchte er sich daher nur unweit Dresdens, aber doch in einem anderen Land, in der mondänen böhmischen Bäderstadt. Dann erweiterte er seinen Radius schnell auf andere Kurorte wie Karlsbad, Marienbad und Franzensbad. Die oberflächliche Welt der Reichen und Schönen, die dort mit Stil kurten und das Ambiente der Stadt genossen. Der Doktortitel öffnete ihm Tür und Tor. Natürlich war er mit besten Manieren und blendendem Aussehen verbunden, wie wir es bereits von den Herren Manolescu und Schiemangk kennen.

So manche Geldbörse öffnete sich ihm wie von Zauberhand, so mancher Schmuckkasten blinkte ihm entgegen, oder was auch immer sich gerade als rentables Diebesgut anbot. Diebstähle am Tag, Zocken bei Nacht – es muss auch bei ihm ein sehr anstrengendes, kräftezehrendes Dasein gewesen sein, das keinen Stillstand duldete, kein Innehalten, kein Überdenken seiner Person, seiner Persönlichkeit, seiner Vergangenheit und Zukunft. Nur das Hier und Jetzt zählte, nichts anderes.

Während Familie und Freunde den Kaufmann Fritz Landau also auf Geschäftsreisen wähnten, trieb der sich nonchalant in Teplitz herum, verzockte in der Nacht Unsummen, stockte seine Geldvorräte durch Diebstähle aller Art in Nobelhotels auf und kehrte schließlich beflügelt und mit vollen Taschen nach Dresden zurück. Erst als einige Leute misstrauisch wurden und die ersten Gerüchte aufkamen, dass der „Dr. Landau" ja irgendwie seltsam sei und gelegentlich bei medizinischen Fragen, die man ihm unvermittelt stellte, ins Stocken geriet, merkte er, dass es höchste Zeit war zu gehen – und zwar möglichst an das andere Ende des Landes. Kurzzeitig sorgte er noch einmal für Schlagzeilen. Einen Tierarzt, der ihm im Weißen Hirsch in Dresden misstrauisch auf den Zahn gefühlt hatte, forderte er zum Duell heraus. Fritz zog die Waffe, völlig ungehemmt und impulsiv, ohne groß darüber nachzudenken, dass das gerade erst die Aufmerksamkeit auf ihn lenken könnte. Bevor die Polizei jedoch den Duellierwilligen verhaften konnte, war dieser bereits wieder nach Teplitz geflohen. Zusammen mit einer Bardame – auch das kennt man bereits von Herrn Manolescu, der ebenfalls einen Hang zu Damen aus dem eher dunklen Milieu verspürte.

Anfang September 1901. In München taucht ein gewisser Herr „Kühnel" auf, den dort niemand kennt. Der Mann lebt auf großem Fuß, in das Gästebuch seines feudalen Hotels hat er sich als Automobilfabrikant aus Chemnitz eingetragen. Schnell fasst das Personal Vertrauen zu dem äußerst distinguiert auftretenden Geschäftsmann. „Herr Kühnel", natürlich ist es Fritz Landau, ist im Verlauf seines kurzen Aufenthalts tatsächlich so dreist, sich sowohl beim Hotelportier als auch beim Hoteldirektor Geld zu leihen. Sein Auftreten ist so überzeugend, so liebenswürdig, dass die beiden keinerlei Verdacht schöpfen und ihm das Geld – nicht unerhebliche Summen – sogar „gerne“, wie sie später bekunden werden, geben. Fritz scheint nun übermütig geworden zu sein, er will offensichtlich in das Varietégeschäft einsteigen, von dem er eigentlich überhaupt keine Ahnung hat. Wagen und Pferde hat er bereits käuflich erworben, zudem ist er mit dem Direktor eines Theater-Varietés in Pachtverhandlungen getreten. Doch aus dem kühnen Plan wird nichts, und so wird dem Übermütigen der Boden dann doch zu heiß unter den Füßen. Eines Morgens ist der zuvor so gern gesehene Gast verschwunden, die Rechnung nicht beglichen, das Darlehen nicht zurückgezahlt. Landau flieht nach Luzern. Er lebt auf noch größerem Fuße, kostet das Schweizer Nachtleben aus, als gebe es kein Morgen. Spielt die ganze Nacht, feiert, trinkt, prostet den gut gelaunten Damen zu, die zusammenstehen und über den angeblichen Fabrikanten tuscheln. Ein ewiger schweizerischer Spätsommer mit Wein, Weib und Gesang am Spieltisch. Eine Illusion, bis Tage später die Ernüchterung folgt. Fritz hat einem Hotelgast 18 000 Franken gestohlen. Die Polizei, der die hohen Geldausgaben des Mannes nicht entgangen sind, durchsucht auch sein Zimmer. Und alle Hotelangestellten sind entsetzt, als die Beamten tatsächlich fündig werden. Der nette und charmante Mann, der immer so großzügig Trinkgeld gab, soll ein Dieb und Hochstapler sein? Auch sie müssen schließlich die Wahrheit akzeptieren und erkennen, dass sie sich haben täuschen lassen, dass der Mann sie schamlos geblendet hat. Die Episode in der Schweiz ist somit beendet.

Sommer 1904. Wir begegnen Fritz nun im Hotel Kaiserin Elisabeth in Baden, dem heutigen Baden-Baden. Ein Kellner – natürlich ist es wieder Fritz – wird beim Diebstahl von Juwelenschmuck auf frischer Tat ertappt und von der Polizei verhaftet. Doch bevor er seiner gerechten Strafe zugeführt werden kann, flieht er nach England, wo er unter anderem 1906 im altehrwürdigen Londoner Hotel The Langham erneut einen Juwelendiebstahl begeht. Doch diesmal gibt es kein Entkommen, er wird sofort zur Rechenschaft gezogen, achtzehn für ihn unvorstellbar lange Monate muss er im berüchtigten Gefängnis Wormwood Scrubs absitzen. Als er am 7. Dezember 1907 entlassen wird, wartet auf ihn schon ein finster dreinblickender Beamter von Scotland Yard, weil die deutschen Behörden wegen des Diebstahls in Baden dessen Auslieferung beantragt haben. Am 2. Juli 1908 wird Fritz vom Herzoglichen Landgericht Karlsruhe zu einer Gefängnisstrafe von zwei Jahren und sechs Monaten verurteilt. Sechs Monate davon hat er bereits in Untersuchungshaft verbüßt, sie sind somit abgegolten. Im Sommer 1909 wird Fritz jedoch in der „Irrenabteilung" des Landesgefängnisses Freiburg wegen mehrerer Anfälle auf seinen Geisteszustand untersucht. Danach sind die Ärzte fest davon überzeugt, dass Fritz zum fraglichen Zeitpunkt tatsächlich geisteskrank gewesen sei und seine Anfälle, die man auf Epilepsie zurückführt, nicht gespielt waren. Für diesen Menschen sei deshalb ein Gnadenakt von oberster Stelle vonnöten. Und tatsächlich: Ihm wird der Rest seiner Strafe erlassen, doch er soll die Zeit in der „Irrenanstalt" verbringen. Nicht mit Fritz! Er entzieht sich dieser Schmach erneut durch Flucht und erscheint ein Jahr später wieder in Teplitz auf der Bildfläche. Wieder ist er angeblich Arzt und überzeugt mit seiner perfekt gespielten Rolle die Nichte eines Dresdner Weinhändlers. Die beiden wollen heiraten. Die junge Frau ist überglücklich, ihr Verlobter ist sehr großzügig und hat sie mehrmals mit ganz wunderbarem Schmuck beschenkt. Was sie nicht weiß: Die Schmuckstücke stammen allesamt aus Raubzügen in Marienbad. So ist es kein Wunder, dass das romantische Intermezzo sehr schnell zu Ende geht. Wieder ist es der Vater der Frau, der Verdacht geschöpft hat, und so klopft eines Tages die Dresdner Kriminalpolizei an die Tür der Familie Landau. Nun bricht Fritz endgültig mit seinem alten Leben in Dresden und Teplitz, nachdem sich seine Familie von ihm losgesagt hat.

1919 wird Berlin das neue „Jagdrevier“ von Fritz. Unweigerlich landen alle großen Hochstapler irgendwann immer auch in dieser Stadt, wie die meisten Verbrecher schätzen auch sie ihre Anonymität. Fritz hat sich turbulente Zeiten für seine große Diebestour ausgesucht, er kommt in den Nachwehen der Novemberrevolution in die Stadt. Nichts ist mehr, wie es einmal war. Doch Fritz tangiert das wenig, er interessiert sich nicht für Politik. Die Tumulte kommen ihm eher gelegen, lenken sie doch von seinem primären Ziel ab, Diebstähle in großem Stil zu begehen. Esplanade, Bristol, Fürstenhof, Adlon – nur die größten und besten Hotels sind diesem Hochstaplerexemplar in diesem Jahr gut genug. Insgesamt 16 Luxushotels sucht Fritz heim, wobei er nicht nur Schmuck, Pelze und Goldsachen entwendet, sondern insgesamt auch über eine halbe Million Mark Bargeld erbeutet. Seine Opfer sind zumeist reiche Bankdirektoren, Kaufleute, Staatssekretäre, oft Ausländer. Doch sein letzter Einbruch wird ihm zum Verhängnis. Als man ihn auf frischer Tat in der Suite der Gräfin Hohenau ertappt, springt Fritz in Panik aus dem Fenster und bleibt mit gebrochenen Beinen liegen. So feiert er Silvester nicht wie sonst mit Kaviar und Champagner in weiblicher Gesellschaft, sondern unter den wachsamen Augen der Aufseher bei Wasser und Brot im Lazarett des Untersuchungsgefängnisses. Es ist kaum vorstellbar, aber auch aus dieser misslichen Lage kann er sich befreien und fliehen. Am 14. April 1920 wird er schließlich zusammen mit seiner Ehefrau Hedwig, die er am 28. August 1919 als „Fabrikant“ in Berlin geheiratet hat, in einem Hotel in Schlachtensee festgenommen, konnte jedoch aus der anschließenden Haft entkommen. 1922 vermelden etliche Zeitungen, dass man Fritz Landau, der laut *Illustrierter Kronenzeitung* vom 22. August des Jahres „allen Polizeidirektionen Europas bekannt“ sei, in Rom aufgegriffen habe. Dort machte der Verbrecher einen kardinalen Fehler: Er schrieb an seine Schwester in Dresden und prahlte mit seiner Taktik, die Behörden stets über seinen Gesundheitszustand getäuscht zu haben.

Pech für ihn, dass seine Schwester den Brief an eine Berliner Verwandte schickt, die ihn auf der Straße verliert. Der ehrliche Finder lässt ihn Kommissar Ernst Gennat von der Berliner Kriminalpolizei zukommen, der in dem Brief zusammen mit dem Dresdner Oberstaatsanwalt Petri erwähnt wird. Unverzüglich beantragt Gennat Landaus Auslieferung nach Deutschland, wo dieser nämlich auch noch eine alte Strafe im Zuchthaus Waldheim bei Dresden abzusitzen hat.

Fritz Landaus kriminelle Karriere geht nun rapide zu Ende. Mittlerweile ist er nämlich wirklich schwer krank, die Folgen des Sturzes aus dem Fenster sowie eine Rückenmarksschwindsucht haben zunehmend ihren Tribut gefordert. Seit dem 21. Januar 1926 ist Landau im Zuchthaus Waldheim inhaftiert, um seine Reststrafe zu verbüßen. Im Juli 1926 muss die „menschliche Ruine", wie er in Zeitungsmeldungen auch beschrieben wurde, auf einer Bahre in den Gerichtssaal getragen werden, wo er wegen der 16 Diebstähle in Berlin zur Rechenschaft gezogen werden soll. Doch nur zwei können ihm überhaupt noch nachgewiesen werden. Seine Reststrafe wird schließlich um zwei Jahre Haft und fünf Jahre Ehrverlust „aufgestockt". Am 28. Januar 1931 wird Fritz Landau aufgrund seiner Haftunfähigkeit vorzeitig aus dem Zuchthaus Waldheim entlassen, wo er laut Strafgefangenenkartei eine Strafe von 1856 Tagen abzusitzen hatte. Der mittlerweile schwerstkranke Mann kommt bei seiner verwitweten Schwester Rosalie Bussel in der Elisenstraße 73 in Dresden unter, die Mutter ist dort sieben Jahre zuvor verstorben. Mit nur 53 Jahren folgt ihr Fritz Landau am 4. November 1931 in den Tod. „Hier ruht in Frieden unser lieber Bruder", heißt es auf seinem Grabstein. Seine Geschwister hatten ihm offenbar verziehen. Es war eine noble Geste. Mit seinem qualvollen Ende war Fritz Landau sicherlich gestraft genug gewesen. Geblieben ist nichts von ihm außer reichlichen Schlagzeilen in historischen Zeitungen. Und ein Steckbrief aus der holländischen Tageszeitung *Het Vaderland* aus dem Jahr 1917 mit einer Personenbeschreibung, die – in

Ermangelung eines Fotos – einen Eindruck vermittelt, wie dieser Kriminelle wohl ausgesehen haben mag: „1,72 m groß (barfuß), heller blonder Bart, wahrscheinlich kurzer Schnurrbart, wellenförmige Augenbrauen, blaue Augen, gerade Nase, volle Lippen, Gebiss vollständig, braune Hautfarbe, auffallend leidender Gesichtsausdruck, besondere Kennzeichen: jeweils eine 5 cm und 2 cm lange Schnittwunde am linken Wangenknochen, trägt möglicherweise am Kopf und am rechten Ohr einen Verband, weil er an einer chronischen rechtsseitigen Mittelohrentzündung leidet. Spricht Sächsisch, außer Deutsch und Englisch auch Französisch. Kettenraucher."

ERSCHRECKEN SIE NICHT! ERSCHRECKEN SIE DOCH!

FRITZ WALD: FASSADENKLETTERER

Wo steht eigentlich, dass Verbrecher zwingend in „Berufskleidung" in Erscheinung treten müssen? Warum sollten sie als finstere und rohe Gesellen mit einem Dietrich in der Hand und einem Messer zwischen den Zähnen durch die Nacht schleichen? Und das mit der unmissverständlichen Mission, die Menschheit zu berauben, um den Erlös der Beute stumpfsinnig in Kaschemmen zu versaufen. Das Metier kann man doch wirklich viel stilvoller betreiben! So dachte es sich wohl der am 5. März 1900 in Jeßnitz im heutigen Sachsen-Anhalt geborene Fritz Wald. Seine Zauberworte für einen gepflegten Einbruch hießen nämlich: Lackschuhe! Smoking! Zylinder! Mit perfekter Garderobe und den entsprechenden guten Manieren ausgestattet, schindete er zunächst bei seinen potenziellen Opfern Eindruck, blendete sein Umfeld – vorzugsweise die Damenwelt – mit seinem Charme. Dann horchte er es perfide aus, und zum guten Schluss beraubte er es dreist. Herumschleichen musste er dafür auch überhaupt nicht, lieber kletterte er waghalsig an Gebäuden entlang, hangelte sich an Bäumen, Markisen, Weinranken, Fahnenstangen und anderen Gerätschaften hoch, bis diese nicht gerade ungefährliche Art und Weise der Verbrechensausübung bei ihm

Suchtcharakter annahm. Das Abenteuer lockte ihn schließlich Nacht für Nacht –von irgendetwas muss man schließlich leben, So ging Fritz als berüchtigter Fassadenkletterer, wenn nicht sogar als berüchtigster in Berlin – neben unter anderem den Brüdern Paul und Wilhelm Kaßner – in die kriminalistischen Annalen der 1920er-Jahre ein. Auf diese spektakuläre und halsbrecherische Art und Weise machte er nicht nur Berlin, sondern auch Dresden, Hamburg und München unsicher. Und so war er mit einer der Hauptverantwortlichen dafür, dass die Begriffe „Gentleman-Einbrecher" und „Fassadenkletterer" in der Weimarer Zeit in Deutschland geprägt wurden, weil die „Helden" dieser Schlagzeilen verstärkt auch die Seiten der Tageszeitungen enterten. Dieser ganz spezielle und seltsame Trend schien zu Beginn der 1920er-Jahre aufgekommen zu sein – warum weiß keiner mehr so genau, im Zweifelsfall schob man es auf die Not in der Zeit nach dem Ersten Weltkrieg. Tatsächlich war es aber eine zunehmende Aufklärung der Bevölkerung über Verbrechen seitens der Berliner Kriminalpolizei, die zur Folge hatte, dass viele Einbrecher an ihre Grenzen stießen, schafften sie es doch nicht mehr, so wie früher alle Türen, die sich ihnen in den Weg stellten, aufzubrechen. Die Sicherheitsmechanismen und -maßnahmen hatten sich enorm verbessert, und so war auch der Präventionsgedanke seitens der Kriminalpolizei erstarkt. Das wiederum hatte eine Spezialisierung seitens der Verbrecher zur Folge, wie Ernst Gennat 1926 anlässlich der Berliner Polizeiausstellung zum Thema „Großstadtverbrecher" in einem Aufsatz berichten sollte. Sie wussten Abhilfe zu schaffen, und so fluteten zunehmend abenteuerlustige Fassadenkletterer die Villenwände, erregten naturgemäß großes Aufsehen – wenn man sie denn schnappte – und eroberten nach und nach erst die Presse und schließlich Kultur und Literatur: „Man kraxelt am Hause empor manierlich, es ist zwar gefährlich, doch sehr rentierlich. Drum machen die Herrn Verbrecher es gern. Fassadenklettern ist jetzt modern", dichtete 1923 ein gewisses „Karlchen" in der

Zeitschrift *Jugend.* Das Ganze schien tatsächlich eine merkwürdige Popularität erlangt zu haben, wenn man das in Verbindung mit Verbrechen überhaupt schreiben darf. Wie konnte es sein, dass man nun irgendwelchen fassadenkletternden Verbrechern huldigte? Sie bewunderte? Es müssen seltsame Zeiten gewesen sein, in denen man das nicht zuletzt auch mörderische Potenzial von Kriminellen ignorierte und in erster Linie den Verwegenheitsfaktor in den Mittelpunkt stellte, um die Schlagzeilen der Tageszeitungen zu füllen. Man konnte ja zunächst gar nicht wissen, was es mit diesem Fritz auf sich hatte, ob er auch gewalttätig werden würde oder eine Waffe mit sich trug – alles war möglich. Doch Fritz schien tatsächlich irgendwie anders zu sein. Eine mörderische Veranlagung ließ er nicht erkennen, im Gegenteil, er schien fromm wie ein Lamm zu sein, immer freundlich, immer höflich und zuvorkommend. War seine kriminelle Karriere vielleicht in seiner Kindheit begründet? Sie wird ja von Verbrechern gerne vor Gericht als Entschuldigung angebracht, doch nur in den seltensten Fällen, wie zum Beispiel bei dem legendären Berliner Ein- und Ausbrecher Emil Strauß, ließ man das auch tatsächlich durchgehen. In der Vergangenheit des Herrn Wald hatte es offenbar tatsächlich gewisse Schwierigkeiten gegeben, damals, als er noch in kurzen Hosen herumlief. Aber auch dabei galt wieder: Irgendwann trug er lange, und da hatte er die freie Wahl. Er hätte sich somit nicht für die Kriminalität entscheiden müssen. Was auch immer seine Beweggründe gewesen sein mögen, das Vorleben dieses originellen und völlig gewaltfreien Verbrecherexemplars namens Fritz Wald ähnelte anderen „Karrieren" dieser Zeit. Aus ärmlichen Verhältnissen, wie zum Beispiel besagter Emil Strauß, stammte er jedoch nicht. So wie Emil Strauß zog er sich aber aufgrund seiner schon präpubertären Aufsässigkeit den Zorn des Vaters zu. Schwierigkeiten im Elternhaus, das zumindest hatte dieser freundliche Verbrecher mit seinen Zunftgenossen Manolescu, Schiemangk, Landau & Co. gemeinsam.

Als Sohn eines „Privatmanns“ kommt Fritz „Vor dem Halleschen Thor 9“ in Jeßnitz zur Welt, heute ein Ortsteil von Raguhn-Jeßnitz nördlich von Bitterfeld. Es handelt sich um eine eher kleine Ansiedlung, jeder kennt jeden, damals wie heute. Und da wussten es natürlich alle: Der Sohn vom Wald ist wohl etwas missraten. Fritz war in jungen Jahren nämlich aufsässig, wollte sich nicht fügen, spielte den Leuten ständig Streiche. Die Eltern sind bald völlig überfordert mit ihm. Der Vater verstirbt früh, die Mutter folgt ihm bald ins Grab, und Fritz kommt ins Waisenhaus. Aber auch dort will er sich nicht anpassen, mehrmals flieht er aus der ungeliebten Anstalt, wird aber jedes Mal irgendwo aufgegriffen und zurückgebracht. Weil er in der Zwischenzeit erste Diebstähle begangen hat, bringt man ihn schließlich in einer staatlichen Fürsorgeanstalt unter. Sein gesetzlich angeordneter Vormund will ihn partout in bürgerliche Bahnen lenken und zwingt ihn, Bäckergeselle zu werden, was Fritz aber völlig widerstrebt. Lieber würde er Kaufmann werden, stattdessen muss er nun zu nachtschlafender Zeit in die Backstube, wo er zunächst widerwillig kleine Brötchen backt. Dort ist er zutiefst unglücklich, er möchte einfach nur weg aus der Provinz und hinein in die Großstadt! Zu Wein, Weib und Gesang, dorthin, wo eigentlich nur Äußerlichkeiten zählen, doch das stört ihn nicht weiter. 1918 schließlich, nach notgedrungener Ableistung seines Militärdienstes, macht er sich auf den Weg nach Berlin, voller Hoffnung, aber ohne einen Plan, wie er dieses angestrebte Leben in Saus und Braus finanzieren soll. Es kommt, wie es kommen muss: Fritz experimentiert zunächst mit Projekten wie „Eisverkäufer“, doch das lässt die Berliner völlig kalt. Nun entscheidet er sich bewusst für ein Leben als Krimineller und begibt sich schnurstracks auf die schiefe Bahn. So ganz firm ist er dabei aber noch nicht, und schon bald wird er bei einem Einbruch erwischt. Bis 1921 sitzt er erst einmal im Gefängnis, wo er nicht einmal mehr frische Brötchen bekommt, sondern bei Wasser und Brot sein karges Dasein fristen muss und von einem Luxusleben nur träumen kann. Das

hätte ihm eigentlich eine Lehre sein müssen. An dem Tag, als er endlich entlassen wird, steht er zunächst ratlos mit seinen wenigen Habseligkeiten vor dem Gefängnis. Von Reue muss er weit entfernt gewesen sein, denn die Geschichte ist noch lange nicht zu Ende. Fritz hat es sich nämlich fest in den Kopf gesetzt, möglichst viel Geld zu verdienen, um damit ein eigenes Geschäft aufzubauen. Das ist das Ziel, das er sich gesetzt hat und das er mit allen Mitteln und Möglichkeiten, die ihm zur Verfügung stehen, erreichen will, auch wenn sie nicht legal sind. Als Kellner heuert er zunächst in einem Spielclub an, er erhält außergewöhnlich viel Trinkgeld, besonders von den heiteren und ausgelassenen Damen an den großen Spieltischen, die dem gutaussehenden Angestellten bisweilen kesse oder auch sehnsüchtige Blicke zuwerfen. Ihm wird nun so langsam klar, was er zu tun hat, was seine Bestimmung ist: Er wird sein Umfeld mit seinem Aussehen blenden, in dieser neuen Zeit, in der eine vergnügungssüchtige und vor allem zahlungskräftige Spaßgesellschaft in Berlin entstanden ist – die legendären „Tänzer auf dem Vulkan“, die allerdings nur einen geringen Bruchteil der Bevölkerung repräsentieren.

Um 1924 wird aus dem stets gut gelaunten Gigolo endgültig ein Schwerverbrecher, der sich ein kuscheliges Ganovennest in Berlin-Neukölln eingerichtet hat, um von dort seine Raubzüge zu planen und zu unternehmen. Er wohnt zur Untermiete bei

Fritz Wald auf einer Zeichnung, die am 24. September 1927 in den *Altonaer Nachrichten* abgedruckt wurde einer älteren Dame, die ihn für einen seriösen Kaufmann hält, der oft unterwegs auf Reisen ist. So kann man sich irren!

1924 gelingen ihm seine ersten großen Coups. Dabei ist er extrem geistesgegenwärtig und dreist zugleich. „Wer ist da?", wird der bedauernswerte Mann im ersten Stock der noblen Tiergartenvilla gerufen haben, als er bemerkte, dass da doch noch jemand im Haus war. Kurzerhand schließt Fritz den Mann in seinem Zimmer ein und kann hurtig entkommen. Als „Juwelenhändler Borreau" reist er nach Hamburg auf der Suche nach diversem Diebesgut. Und auch in Dresden sind die Damen der Gesellschaft begeistert von dem Neuankömmling in der Welt der Reichen und Schönen. Dort gehen mindestens drei Einbrüche auf das Konto des angeblichen „Baron von Waldheim". Unter anderem bricht er in das Palais der Freifrau von Castell ein, aus dem er den gesamten Familienschmuck entwendet. Als „Gentleman-Einbrecher", wie die Presse den auffallend gut gekleideten Verbrecher ganz schnell getauft hat, wird er zur romantischen Legende. Er selbst zuckt vor Gericht nur die Achseln. Ja, er habe das schon gewerbsmäßig betrieben, aber was soll man machen? Zumindest leugnet er seine Taten nicht. Vielleicht war es auch ein wenig naiv zu glauben, dass man durch Kriminalität zum biederen und ehrlichen Kaufmann mit eigenem Geschäft werden könne, also nur eine Lüge lebt.

Dann gehen im Verlauf dieser turbulenten Geschichte um den rührigen Fritz sogar Gerüchte um, dass manche Bestohlene den attraktiven Abenteurer „unter die wohlig wärmende Decke genommen" haben soll. Zumindest von einer Dame ist bekannt, dass dem wohl tatsächlich so war, doch da hatten sich offenbar zwei Gleichgesinnte gefunden. Die Dame entpuppte sich nämlich als sehr undamenhaft und gab Fritz den Tipp, doch bei ihren Eltern einzubrechen, damit die Familie die Versicherungssumme für alles Gestohlene einstreichen könne – damit wäre doch allen geholfen. Das löste bei Fritz große Empörung über die „verkommene" Dame aus – er hatte also doch ein Gewissen, was eigentlich völlig untypisch für einen Hochstapler ist. Enttäuschung bei der „Dame", also wieder kein Happy End, auch nicht für Fritz. Im Gegenteil: Immer und immer wieder hat der offenbar etwas naive Dieb Probleme mit seinen Hehlern. Dabei sind es vor allem seine beiden Haupthehler, denen er unterlegen ist. Sie machen ihm großen Kummer, hauen ihn mehrmals übers Ohr. Lohrer heißt der eine, der auch kein unbeschriebenes Blatt bei der Polizei ist. Der andere, Alexander Plückhan, ist ein mehr als dubioser Gold-, Silberwaren- und Juwelenhändler mit einem Geschäft in der Wilmersdorfer Straße 107, wo fragwürdige Deals vonstattengehen. Und auch er ist beileibe kein Unbekannter bei der Polizei. Aber wie herzlos die beiden doch sind: Da müht sich Fritz Nacht für Nacht an Berliner Häuserwänden ab, riskiert sein Leben in der Schattenwelt, und dann bekommt er bei der „Endabrechnung" von seinem Millionenraub nur lumpige 42 000 Reichsmark retour. Das ist schon bitter, all die vergeudete Energie, die ganze Kletterei und Kraxelei, die Fahrten im eigenen Kraftwagen nach Dresden oder auch nach Hamburg, das Herumschleichen durch die Berliner Nacht, die gelebte Gefahr. Und das fast alles für die Herren Lohrer und Plückhan, die ihn nur als „Herr Hoffmann" kennen und ausbeuten.

Mit zunehmenden Einbruchserfolgen ist Fritz trotz – oder gerade wegen? – aller Verbitterung immer dreister geworden, ihm macht die Sache augenscheinlich riesigen Spaß, und vor Gericht wird er gestehen: „Ich bin eben ein Abenteurer. Mich reizte stets die Gefahr." Mittlerweile stört es ihn herzlich wenig, dass seine Opfer manchmal noch in der Villa sind, wenn er einsteigt. In der Regel schlummern diese sowieso selig, und im Notfall kann er sie bei Bedarf ja immer noch einschließen, wie den armen reichen Kaufmann aus der Tiergartenstraße. Gedacht, geschehen, und das sogar mehrmals, und schnell wird diese Masche zu seinem „Markenzeichen". Noch verwegener: Er plaudert mit seinen Opfern! Und das ist nun wirklich ein riskantes Manöver, das gelegentlich für äußerst

skurrile Begegnungen sorgt, bei denen Wald aber immer seine perfekten Manieren behält – er ist eben Gentleman. Sehr höflich bittet er einmal die aus dem Schlaf geschreckte Frau eines Großkaufmanns um ihren Schmuck und versichert der in ihrer Nachtruhe Gestörten, dass ihr nichts geschehen werde. Selbst zu kurzen philosophischen Betrachtungen und Plaudereien über seinen „Beruf" lässt sich der überaus freundliche Besucher hinreißen. „Teufelskerl!", werden manche Leser und Leserinnen damals angetan gedacht und dabei völlig verdrängt haben, dass sie gerade dabei sind, einem Kriminellen Sympathie entgegenzubringen. In dem Moment sind sie aber wieder kleine Kinder, die heimlich einen Abenteuerroman lesen und sich so in Zeit und Raum verlieren. Das Ganze, das ja eigentlich ganz weit weg ist, liest sich aber auch so angenehm, so ganz gemütlich in der guten warmen Stube mit einer Tasse Tee in der Hand.

Die Vitrine auf der Polizeiausstellung 1926 enthält Beuteschmuck, der bis dahin noch nicht seinen rechtmäßigen Besitzern zugeordnet werden konnte.

1925 reist Fritz zur Abwechslung einmal nach München, wo er einige Villen zwecks möglicher Beutezüge ausgespäht hat. Ein Fehler – die rustikalen Bayern werden ihm zum Verhängnis: Ein aufmerksamer Pförtner hört Lärm aus einem benachbarten Prunkpalast und alarmiert das Überfallkommando der Polizei. Schluss! Aus! Hände hoch! Fritz wird umstellt und ergibt sich sofort, als ohrenbetäubend die ersten Schnellfeuerschüsse ertönen. Dabei ist er doch so gewieft vorgegangen. Im noblen Outfit hat er die Fünfuhrtees der bajuwarischen High Society besucht, schnell Anschluss gefunden und mehrere potenzielle Opfer ausgehorcht. Doch all das war umsonst, seine „Karriere" endet an dieser Stelle. Zurück bleiben einige trauernde Frauen in Berlin, darunter eine, der er kurz zuvor noch 10 000 Mark geschenkt hatte – knauserig war er also auch nicht.

Ein Jahr später, im September 1926, wird Fritz sogar der Star der Berliner Polizeiausstellung, die dem „Gentleman-Fassadenkletterer" eine eigene Sonderschau widmet. In einer von den Besuchern viel umlagerten Vitrine – die auch Eingang in das Buch *1.000 Bilder. Große Polizei-Ausstellung Berlin 1926* findet – wird ein Teil der von ihm geraubten Gegenstände im Wert von 500 000 Mark gezeigt, deren Besitzer auf diese Art und Weise ermittelt werden sollen. Und die Besucher, die mit großen Augen die funkelnden Ausstellungsstücke bestaunen – sie alle kennen seinen Namen, sie alle wissen, dass dieser gerissene Verbrecher Fritz Wald insgesamt mindestens 55 Einbrüche verübt hat, bei denen er eine Gesamtbeute im Wert von zwei Millionen Reichsmark gemacht hat. Er selbst hat längst die Übersicht über die genaue Zahl verloren.

Im September 1927 ist endgültig Schluss mit Klettereien, Plaudereien und Gaunereien. Durch eine Kooperation der Kommissare Otto Trettin in Berlin, Kommissar Haferkorn aus Dresden und Kriminaloberinspektor Rehmann aus Hamburg kann der Fall Wald nach langer, mühevoller Arbeit, bei der allen Spuren nachgegangen wurde, restlos aufgeklärt werden. Das erweiterte Schöffengericht von Charlottenburg, das dem

Ansturm des Publikums kaum standhalten kann, verurteilt Fritz Wald, der sich als einer der aktivsten Einbrecher der Weimarer Zeit entpuppt hat, wegen schweren Rückfalldiebstahls in 19 Fällen zu insgesamt zwölf Jahren Zuchthaus und zehn Jahren Ehrverlust, wobei frühere Gerichtsurteile aus München und Dresden mit einbezogen werden. Das „kleine, schmächtige" und „etwas blasse Kerlchen", wie er von Prozessbeobachtern beschrieben wird, wird zudem unter Polizeiaufsicht gestellt. Blauer Anzug, seidenes Oberhemd, Krawatte: Der wie immer perfekt gekleidete Fritz verschwindet nun naturgemäß vom Radar. Und schnell verstummen auch die Zeitungsmeldungen. Doch etliche andere Fassadenkletterer nehmen seine Position nur zu bereitwillig ein, treten begierig in seine Fußstapfen, suchen ebenfalls das große Abenteuer, in der Nacht, in Berlin.

Am 21. Januar 1930 erscheint das Gedicht *Das Nachtgespenst* in der Zeitschrift *Die Weltbühne.* Kurt Tucholsky reimt sich als „Theobald Tiger" beschwingt durch das Trauma namens „Nachtgespenst", das die Berliner nicht nur das gesamte Jahr 1929 über stark bewegt hat, nein, das Gespenst spukte schon länger durch das kollektive Unterbewusstsein. Verwirrt hatte man das nächtliche Phantom, um das es diesmal ging, nämlich wieder das „Nachtgespenst" getauft. Im Herbst 1929 war es in Berlin verstärkt zu etlichen, mitunter sehr merkwürdigen Einbrüchen gekommen. Manchmal „begnügte" sich der nächtliche Besucher damit, weibliche Schlafende zu küssen oder ihnen auch schon einmal die Bettdecke wegzuziehen. Die Opfer fingen natürlich in Todesangst an zu schreien, woraufhin das „Nachtgespenst" auch schon einmal einen Revolver zückte, dann aber zuverlässig das Weite suchte und im geheimnisvollen Dunkel der Nacht verschwand. Doch Fritz Wald konnte es diesmal doch gar nicht gewesen sein, hinter ihm hatte sich doch die schwere Gefängnistür für lange Zeit geschlossen. Ahnte er in der Einsamkeit seiner Zelle, dass es nicht mehr nur ein einziges originales „Nachtgespenst" gab? Dass es nun Trittbrettfahrer gab, die auf den (Raub-)Zug aufgesprungen waren? Die ihn unverschämterweise imitierten? Doch er konnte beruhigt sein: Die konnten ihm nicht das Wasser reichen. Das waren zumeist simple Spanner, die gar nicht unbedingt auf materielle Beute aus waren, sondern die Gelegenheit nutzten, um vor allem eins zu tun: ihre Opfer zu begrabschen. Bald wusste aber keiner mehr so richtig, wer diesen seltsamen „Trend" eigentlich ausgelöst hatte. Die Presse differenzierte dabei sehr genau, ratlos waren letzten Endes dann aber alle: „Das Nachtgespenst, diesmal das wahrscheinlich richtige, ist in der vergangenen Nacht in Neukölln [...] aufgetreten", vermeldete die *Berliner Börsen-Zeitung* am 27. Dezember 1929 über ein „Nachtgespenst", das die Schlafende auch – verharmlosend ausgedrückt – „betastet" hatte. Bereits im März 1929 hatte die Berliner Polizei einen Dachdecker verhaftet, der als angebliches „Nachtgespenst" ein riesiges Beutelager in seiner Wohnung angesammelt hatte. Dieser Mann hatte jedoch nur die Beute im Blick gehabt und nicht die Schlafenden, er konnte also auch nicht der „Richtige" sein. In Kurt Tucholskys Gedicht war allerdings schon wieder ein anderer gemeint, ein braver Beamter aus der Provinz, den es auf seltsame Abwege verschlagen hatte. Das Ganze sprach sich schließlich auch bis ins Ausland herum: „Zärtlich umfasst er die Schlummernde und drückt einen Kuss auf ihre Lippen, dann verschwindet er lautlos, wie er gekommen", phantasierte zum Beispiel unverhohlen enthusiastisch die österreichische *Illustrierte Wochenpost* am 22. November 1929 auf der Titelseite und wollte in derselben Ausgabe sogar wissen: „Auf alle Fälle hat das gute Nachtgespenst noch nie jemand etwas Ernstliches zuleide getan." Da hatte sich der Schreiber, der wahrscheinlich gerade süffisant an seinem Kaffee nippte und irgendein Herrenmagazin à la *Der Junggeselle* vor sich liegen hatte, aber sehr weit aus dem Fenster gelehnt. Höchste Zeit, dass auch Frauen in die Redaktionsbüros einzogen! Die Taten des Verbrechers wurden von dem Mann nicht zuletzt auch verbal legalisiert, er gab ihm auf dem Papier „Carte Blanche", weiterhin Frauen zu Tode zu erschrecken, und kreierte dadurch einen sehr zweifelhaften Mythos. Dieses unterschwellige Verständnis gipfelte in der in dem Zusammenhang beispiellos frauenfeindlichen Aussage: „Denn schließlich ein bisschen geküsst oder gestreichelt zu werden, hat keiner Frau noch geschadet." Der ebenfalls ratlose Berliner Polizeipräsident setzte schließlich eine hohe Belohnung für die Ergreifung des Täters aus. Und tatsächlich: Ein gewisser Johann Janoschka geriet nun in den Fokus der Ermittlungen und in den Verdacht, das „Nachtgespenst" zu sein, das Original, versteht sich! Oder doch wieder nur ein Plagiat? Die Verwirrung war perfekt. Aber bei ihm war die Sache eigentlich klar, dieses neue Exemplar des „Nachtgespenstes" war tatsächlich ein skrupelloser und gefährlicher „Grabscher", bei dem wohl der Verstand aussetzte, wenn er bei seinen Einbrüchen auf eine schlafende Frau traf, die ihm gefiel.

Am 25. März 1930 kann die Polizei endlich die Festnahme des Grabschers Janoschka vermelden. Ein Wohnungsbesitzer am Savignyplatz hat sich tollkühn mit seinem Sohn an die Verfolgung des Phantoms gemacht, das sich wenig übernatürlich am Bahnhof Wedding beim Sprung aus dem Zug das Bein brach. Der Delinquent gesteht schließlich einen Bruchteil seiner wohl tatsächlich verübten Einbrüche und gibt dabei zu, dass er bewusst Frauen belästigt habe. Für Kriminalkommissar Dr. Lüdtke ist der Mann der „Typus des sympathischen Verbrechers", dem es Spaß gemacht habe, den Frauen die Bettdecke wegzuziehen, sie zu küssen und zu streicheln. 1930 geht das mittlerweile schon folkloristisch zu nennende Motiv mit all seinen Schattenseiten fest in die Unterhaltungskultur ein, wird der Star von Schwänken und Kurzgeschichten in zeitgenössischen Lifestyle-Magazinen. Kurt Gerron besingt es spitzbübisch in der Rudolf-Nelson-Revue *Der rote Faden*, das von Friedrich Hollaender eigens dafür komponierte Chanson wird zum Gassenhauer: „Ich bin dein Nachtgespenst / Dein süßes Nachtgespenst / Ich weck' dich, wennde pennst / So oft, bis du mich Liebling nennst [...] Steig' ich durch's Fenster ein / Reizt mich kein Edelstein / Nein, nur dein Elfenbein / Reizt mich allein." Verbrechen als Entertainment oder auch „Erschrecken Sie nicht! Erschrecken Sie doch!", wie Kurt Tucholsky in seiner Versform des *Nachtgespensts* sehr treffend formulierte.

Ob nun der „König der Fassadenkletterer" alias „Das Gespenst von Berlin", der legendäre Fritz Wald, nach Verbüßen seiner Haftstrafe reumütig an einen Berliner Backofen zurückgekehrt ist, um sein Geld fortan in seinem eigentlichen Beruf zu verdienen, ist nicht überliefert. 1944 heiratete der Mann, der immer mit mehreren Freundinnen im Schlepptau im Berliner Nachtleben unterwegs gewesen war, seine Braut Anna Martha Losat. Ob sie wohl von seinem Vorleben wusste?

Am 11. Februar 1974 ist der ehemalige „Gentleman-Einbrecher", der den erfrischenden Eindruck erweckt hatte, dass er ohne seelischen Ballast durch das Leben ging und kletterte, in Berlin-Friedrichshain gestorben. Überlebt hat seine Stimme auf einer Schellackplatte mit dem Titel *Warum ich Fassadenkletterer wurde*, die im Lautarchiv der Berliner Humboldt-Universität aufbewahrt wird. Und so kann man noch heute den wenig intellektuellen Beweggründen für die Straftaten des Fassadenkletterers lauschen, die nicht einer gewissen, aber doch sehr zweifelhaften Logik entbehren: „Ich empfand sehr stark die Ungerechtigkeit, die darin liegt, daß es so viele reiche Leute und so viel Arme gibt. Ich sagte mir, daß die reichen Leute sehr gut ihren Schmuck entbehren können." Das ist doch einmal eine klare Aussage!

DER JAGDSCHEIN AUS DER IRRENANSTALT

ANNI SANNECK: HOCHSTAPLERIN

Nachdem wir nun mehreren männlichen Hochstaplerexemplaren begegnet sind, ist es höchste Zeit, auch einmal eine – wenn auch sehr zweifelhafte – Lanze für Hochstaplerinnen zu brechen. Sie stehen ihren männlichen „Berufskollegen" nämlich in nichts nach, im Gegenteil. Sie können überdies ihre weiblichen Reize einsetzen, um schneller zum Ziel zu gelangen. Bei ihnen ersetzt das Kleid mit all dem schmückenden Beiwerk die „Uniform" des männlichen Berufskollegen, wie zum Beispiel die berüchtigte „Gräfin Colonna", die um 1920 eine Diebesbande von ihrer luxuriösen Berliner Wohnung in der Offenbacher Straße aus dirigierte, in der sie auch einen geheimen Spielsalon eingerichtet hatte. Sie war völlig frei von emotionalem Ballast, willensstark und unabhängig.

Nun soll es um eine ähnlich abgebrühte Hochstaplerin gehen, die allerdings im Verlauf ihrer zunächst sehr erfolgreichen kriminellen „Karriere" zunehmend mit psychischen Problemen zu kämpfen hatte. Anfangs ist sie, wie die Gräfin Colonna, die klassische Betrügerin, die sich anhand falscher Adelstitel Vorteile verschaffen will, was ihr zunächst auch gelingt. Tumulte, Tränen und Theatralik sind in den 1910er- und 1920er-Jahren in Berlin die zuverlässigen Ingredienzien der legendären Gerichtsauftritte der „gefährlichsten Hochstaplerin Deutschlands", die zu dieser Zeit zu den Bekanntesten ihrer Spezies zählte.

Anneliese Sanneck, die alle nur Anni nennen, ist für ihre fulminanten und divenhaften Auftritte vor Gericht und andernorts berühmt-berüchtigt. Sie liebt die großen Gesten. Geflüster und Getuschel, ein ehrfürchtiges Raunen geht durch den großen Saal, fast glaubt man, einen Trommelwirbel zu hören. Und dann ist es endlich so weit: die „Großfürstin" schwebt im Hermelinpelz mit einem imaginären Gefolge im Schlepptau in den Saal. Überhaupt nicht damenhaft geraten dann aber ihre verbalen Entgleisungen, die schon einmal in einem Trümmerfeld der Verwüstung enden können. Da schmeißt die „Gräfin von Borgell" auch schon einmal eine Fensterscheibe ein oder die „Prinzessin Igel-Wetzlar" wirft einem Justizbeamten ein bis zum Rande gefülltes Wasserglas an den Kopf. In letzter Sekunde kann man ihr ein volles Tintenfass als nächstes Geschoss entreißen und so den Mann vor einer Wunde in schönstem Königsblau bewahren. Die „Fürstin Gerolstein" versteht sowieso überhaupt nicht, warum man sie eigentlich vor das Hohe Gericht geschleift hat: „Was wollt ihr überhaupt von mir, ihr alten Dussels?", tobt die Aufsässige gern in solchen Augenblicken. Dann fordert sie im Morphiumrausch forsch von ihrem Auditorium höchste Disziplin: „Ihr verdammte Bande, wollt ihr nicht strammstehen, wenn ich hier in diesen Drecksstall komme?" Natürlich erfahren die Prozessbeobachter auch einiges über das Vorleben der Kriminellen. Eigentlich stammte Anni nämlich aus geordneten Verhältnissen, keiner in ihrem unmittelbaren familiären Umfeld war kriminell.

Anneliese Sanneck wurde am 15. April 1889 im ostpreußischen Czychen im Kreis Oletzko als Tochter von August Sanneck und Karoline geb. Dudda geboren. Gegen Ende des 19. Jahrhunderts zog die Familie nach Lichtenberg, wo der Vater als Straßenbahnführer arbeitete. Anni durfte sogar eine Höhere Töchterschule besuchen, die sie mit 15 Jahren verließ. Sie machte noch eine Lehre als Putzmacherin, dann wurde Anni schwanger. Ihre uneheliche Tochter Herta Else Dora Sanneck erblickte am 5. November 1906 in Lichtenberg das Licht der

Welt. Annis Vater war entsetzt und setzte sie mitsamt ihrem Baby vor die Tür, woraufhin sich Anni 1908 schließlich in eine Ehe mit Freiherr Arno von Meerscheidt-Hülsen flüchtete, der jedoch früh verstarb. Mittellos, von den Eltern verstoßen, trat Anni schließlich um 1912 in Berlin zum ersten Mal als Hochstaplerin in Erscheinung und wählte die Tarnung der falschen Gräfin. Dabei agierte sie in der Folge zumeist mit einem Komplizen, der gleichzeitig auch ihr Geliebter war.

Am 12. März 1912 muss sich Anni wegen Betrügereien vor einem Berliner Gericht verantworten, doch ihr Platz auf der Anklagebank bleibt leer. Anni hat es vorgezogen, das Weite zu suchen, wird jedoch recht zügig wieder unter großem Gezeter verhaftet. Am 16. Dezember 1912 verurteilt die 10. Strafkammer des Berliner Landgerichts I sie als „geistig minderwertige Morphinistin" zu zwei Jahren und sechs Monaten Gefängnis. Es wird bei Weitem nicht ihre einzige Gefängnisstrafe bleiben. So fantasievoll ihre falschen Namen sind, so flamboyant klingen auch ihre erfundenen Geschichten – Hochstapler sind nun einmal ungemein erfindungsreich und kreativ. Da kann dann schon einmal der Wechsel für ihr gemeinsames Kind mit einem Großfürsten ausgeblieben sein, wie sie 1916 gerne voller gespielter Melancholie erzählt. Dann weint die „Großfürstin" seufzend in ihr filigranes Mokkatässchen, während das Opfer, ein Wiener Juwelier, bereitwillig zum Scheckheft greift und mit vor Rührung zitternder Hand die Summe von 20 000 Mark einträgt. Mit dieser List trickst sie unter anderem auch den Prokuristen einer Berliner Bank und einen Berliner Großindustriellen aus. Die Liste ihrer Opfer ist lang, sehr lang. Ein anderes Mal beeindruckt sie hier mit einer Diamantenschleiferei in Amsterdam, blendet dort mit riesigen Ländereien in Holländisch-Indien. Und lügt weiter, das böse Charlottenburger Finanzamt

Die von ihrer Abhängigkeit gezeichnete Schauspielerin Maria Orska im Jahr ihres Todes 1930

würde ihr den Erfolg neiden, sodass sie eine Million Holländischer Gulden, die ihr eigentlich zustünden, nicht rechtzeitig erhalten habe und daher nun elendig darben müsse. Und auch ihr Friseur, der ihr zuverlässig die Haare schneidet, wird mit einer Lügengeschichte bedacht. Längst ist der Figaro nämlich in Liebe zu Anni entflammt. Aber gerade noch rechtzeitig ahnt der Mann das Unglaubliche: Seine Anni, dieses bedauernswerte Geschöpf, dem er sehr viel Geld geliehen hat, ist eine Lügnerin. Das bemerkt der Coiffeur glücklicherweise, bevor Anni ihn schnöde sitzen lässt. Beherzt marschiert er zum nächsten Polizeiamt und erstattet Anzeige gegen die einstige Angebetete.

Das Potpourri ihrer Verurteilungen wird mit der Zeit immer unübersichtlicher. 1921 prellt Anni einen Weinhändler um sehr viel Geld, im selben Jahr geht sie eine neue Ehe mit einem Schiffsreeder ein, der jedoch ein Jahr später stirbt. Den Leser überkommt vielleicht ein grausamer Verdacht: Sollte Anni etwa nachgeholfen haben? Aber nein, er ist auf natürliche Art und Weise verstorben, denn wie wir ja bereits wissen, neigen Hochstapler eher nicht zu Mord und Totschlag. Und schon im Februar 1923 steht Anni wieder vor dem altbekannten Landgericht I, was ihr natürlich ganz und gar nicht gefällt. Vor der Verhandlung randaliert die Renitente zunächst in ihrer Zelle, dann fordert sie eine Morphiumspritze ein, ohne die sie nicht mehr leben könne. Aus der einst strahlenden Anni ist mittlerweile ein körperlich und geistig heruntergekommenes Wrack geworden, das ist der Preis, den sie für ihre Drogensucht zahlen muss. Morphium hat sich trotz aller bekannter Gefahren vor allem im Berlin der 1920er-Jahre zu einer Art „Modedroge“ entwickelt, ebenso wie das allgegenwärtige Opium, das die zahlungskräftige Spaßgesellschaft umnebelt. Die Liste der prominenten Opfer, die der „Blume des Bösen“ huldigen, wie Robert Heymann sie mit dem von Charles Baudelaire in seinem gleichnamigen Gedicht geprägten Begriff in seiner *Sittengeschichte menschlicher Entartung* charakterisierte, ist lang. Auch in Berlin erliegen zahlreiche Künstler und Künstlerinnen dem fatalen vermeintlichen Zauber der diversen Rauschgifte, die man an allen Ecken oder an der nächsten Würstchenbude erwerben kann. Morphium, Kokain, Heroin und Opium sind dabei die bevorzugten Drogen dieses Jahrzehnts. Selbst bis dato seriöse Ärzte erliegen der Versuchung, werden selbst abhängig und auch kriminell, verteilen großzügig Rezepte, die den Empfängern eigentlich gar nicht zustehen. 1926 sollte der Berliner Kriminalpolizei ein entscheidender Schlag gegen den Rauschgifthandel gelingen: Mehrere Großschieber, die jahrelang vor allem Morphium, Kokain, Opium und Heroin unter ihre bedauernswerten Opfer gebracht hatten, konnten hinter Schloss und Riegel gebracht werden, allerdings nur für kurze Zeit, weil sie sich der gerechten Strafe durch Flucht entzogen. Die einst sehr beliebte Schauspielerin Maria Orska war ein Paradebeispiel derjenigen, deren Abhängigkeit im Tod endete. Die Presse hielt gnadenlos auf ihren Verfall. Nach jahrelanger Abhängigkeit mit Phasen des Niedergangs und der Zersetzung von Körper und Geist. Stimmungsschwankungen, Sprunghaftigkeit, Liebes- und Eheleben – alles war unkontrolliert in Aufruhr, beherrscht von der Droge, bis der Geist zerrüttet war und der Körper sowieso. Zusammenbrüche wechselten sich mit Aufenthalten in Sanatorien ab, die Kranke wurde immer unberechenbarer, bis sie schließlich den Freitod wählte.

Auch Anni Sanneck verliert im Morphiumrausch als eine von den Ärzten zertifizierte „hysterische Psychopathin" jegliche Kontrolle über sich, auch im Gerichtssaal. Vor dem auch aus Neugier zum Bersten gefüllten Zuschauerraum versucht sie am 19. März 1924, sich die Pulsadern aufzuschneiden, doch ihr Geliebter Cohn, mit dem sie sich wegen insgesamt 50 Betrugsfällen vor dem Richter verantworten muss, entreißt ihr die Schere. So bleibt sie unverletzt, kann aber die vom Staatsanwalt geforderte Gefängnisstrafe von sieben Jahren auf drei reduzieren. Geholfen dabei hat ihr wie oft der § 51 Reichsstrafgesetzbuch, ein Relikt aus dem Jahr 1871, der in diesem Buch an mehreren Stellen eine große Rolle spielt: „Eine strafbare Handlung ist nicht vorhanden, wenn der Thäter zur Zeit der Begehung der Handlung sich in einem Zustande von Bewusstlosigkeit oder krankhafter Störung der Geistesthätigkeit befand, durch welchen seine freie Willensbestimmung ausgeschlossen war." Dieser Paragraf schließt somit für bestimmte Menschen tatsächlich die Strafverfolgung aus, der Kriminelle wird für straffrei erklärt, aber unter Umständen lebenslang interniert. Eine heikle Sache, denn die Möglichkeit, dass Strafgefangene die Ärzte täuschen, ist zumindest nicht auszuschließen. Vor allem sind es diese Delinquenten, bei denen der Paragraf zumeist seine Anwendung fand: Epileptiker, Fieberkranke, Schlaftrunkene, Betrunkene stärksten Grades. Schmal war der Grat, auf dem sich die Gerichte dabei manchmal bewegten: Die Abhängigkeit von den gerichtlich bestellten ärztlichen Gutachtern, die über das Schicksal eines Menschen befanden, war groß, und oftmals waren die Experten nicht einer Meinung.

In der Moabiter Zelle oder auch in der „Irrenanstalt" Herzberge, wo Anni 1924 wegen einer „Haftpsychose" eingeliefert wird, sitzt keine reumütige Sünderin vor den Aufsehern oder Ärzten. Für gewöhnlich blendet Anni eine Niederlage schnell aus und plant stattdessen neue Abenteuer. Diese vermeintliche Sorglosigkeit eines pathologischen Freigeistes, das Ablehnen jeglicher Konventionen, zeichnet die großen Hochstapler ihrer Zeit aus, die immer auch ein wenig Rebell sind. Sie sind im wahrsten Sinne des Wortes nicht zu fassen. 1925 sind sich die Gerichtsärzte dann aber (fast) sicher: Anni Sanneck sei definitiv eine schwere Psychopathin, aber nicht geisteskrank. Die Kranke leide an einer schweren Form der „Pseudologia phantastica", sagen die Psychiater. Sie sei eine pathologische Lügnerin und suggeriere sich selbst mehrere Persönlichkeiten. Wer sie wirklich ist, weiß keiner, sie selbst vielleicht am wenigsten. Nicht zuletzt kann sie auf diese Art ihre Strafen immer wieder mildern bzw. abwenden, und so ist ein Kreislauf entstanden, den sie selbst nicht durchbrechen kann und durch ihre Krankheit wohl auch nicht bewusst will. Im Gegenteil: Sie prahlt noch damit, sie habe doch den „Jagdschein von der Irrenanstalt", und rechtfertigt sich so für ihre ellenlange Straftatenliste, entlarvt aber unbewusst auch die Schwächen des Rechtssystems.

Bereits ein Jahr später werden Polizei und Gerichte erneut wegen ihr bemüht. Diesmal hat sie ihr Unwesen im Rheinland getrieben und dort mit der „Gräfinnenmasche" insgesamt 26 Geschäftsleute um sehr viel Geld geprellt. Und tatsächlich: Am 1. Juni 1926 wird sie erneut aufgrund des § 51 freigesprochen, nachdem sie Joseph Pallenker – der Kaufmann war zusammen mit ihr wegen Kreditschwindels angeklagt worden – vor Gericht mit der Faust ins Gesicht geschlagen hat. Ihrem Verteidiger Dr. Dr. Erich Frey gegenüber wird sie hingegen geradezu zärtlich, aber auch nur, weil er für ihre Freisprechung gesorgt hat: „Erich, Du bist doch der Beste, komm mal her." Erichs Antwort ist nicht überliefert. Und auch der Vorsitzende der Gerichtsverhandlung wird von ihr mit einem freundlichen „Du bist doch ein feiner Junge" bedacht. Die Sachverständigen sind sich endgültig einig: § 51 muss zur Anwendung kommen. Und so verlässt Anni wegen Hysterie und Morphiumsucht als freie Frau das Gerichtsgebäude.

Wieder ein Jahr später hat sie jedoch Pech: Vor dem Schöffengericht Schöneberg wird das Vorliegen der Bedingungen für die Anwendung des Paragrafen in ihrem Fall abgelehnt und die empörte „Großfürstin" wegen Betrugs im Rückfalle in fünf Fällen zu sechs Monaten Gefängnis und drei Jahren Ehrverlust verurteilt. Und so rollt die Auf- und Abwärtsspirale immer weiter, unaufhaltsam dem Abgrund entgegen. Anni führt ein Leben zwischen Gefängnismauern, „Irrenhäusern" und kurzen Stippvisiten in der Freiheit. Niemand ist in der Lage, ihr Einhalt zu gebieten, ihr wirklich zu helfen, aus der Krankheit auszubrechen, den Teufelskreis zu durchbrechen, weder die Ärzte noch die Behörden. Das ist die eigentliche Tragik ihrer (Kranken-)Geschichte, die aufgrund der politischen Gegebenheiten grausam enden wird. Mit einer „Laufbahn" als eine der aktivsten Betrügerinnen. Eine Frau, die sich nimmt, was sie will, dies aber nie mit legalen Methoden und oft im Drogenrausch. Dabei weltgewandt und selbstbewusst, betrügt sie jahrein und jahraus, wird verhaftet und kurze Zeit später wieder auf freien Fuß gesetzt. Und dies wegen eines Paragrafen, der nur Schwarz oder Weiß kennt und kaum einen hilfreichen und vor allem heilenden Mittelweg.

Ende der 1920er-Jahre bringt die energiegeladene und gleichzeitig dringend behandlungsbedürftige Kriminelle wieder einmal ungedeckte Schecks in Umlauf. Schuld sei ihr aktueller Ehemann Willi Bäthky, so behauptet Anni, mit ihm sei sie ja überhaupt nicht glücklich und er gebe ihr kein Geld. Am 30. April 1929 hatte Anni Sanneck aus der Münzstraße 9 den Kapitän Willy Bäthky aus Grafenbrück im Kreis Niederbarnim geheiratet. Der wohnte jedoch nicht sehr bürgerlich in der äußerst berüchtigten Münzstraße, die zu den Berliner Verbrechervierteln gehörte, und wo zudem auffallend viele Prostituierte lebten.

In der Kopenhagener Straße nimmt die Kriminalpolizei eine wie immer wenig reumütige Betrügerin fest, die in einem sündhaft teuren Pelz gewandet ist, den sie sich mit einem ebenfalls wertlosen Scheck gekauft hat. Das Schöffengericht Berlin-Mitte verurteilt Anni zu zwei Jahren Haft, doch diesmal lehnt die Strafkammer des Landgerichts I die Haftentlassung wegen Krankheit ab. Rechtsanwalt Dr. Eisenstaedt holt daraufhin zwei neue Gutachten ein, aufgrund derer die Freilassung wegen Haftunfähigkeit doch noch angeordnet wird. Nachdem sich die Gefängnistür für die Delinquentin am 23. Juli 1930 also doch wieder geöffnet hat, überlässt man den „Schrecken der Gerichte" wie immer ihrem Schicksal. Zügig erleichtert Anni daraufhin wieder etliche Personen um mehrere Tausend Reichsmark. Vermeintliche Ruhe kehrt ein, bis Anni am 26. Oktober 1935 in Charlottenburg wieder einmal verhaftet wird. Sie ahnt nicht, dass sich die Zellentür nun für immer hinter ihr schließen wird.

Kohlezeichnung von Anni Sanneck auf der Anklagebank

Zunächst verschwindet Anni monatelang in Untersuchungshaft. Als sie schließlich im Oktober 1936 vor Gericht steht, fällt allen auf, dass „die große Betrügerin", „eine der gerissensten Hochstaplerinnen der letzten 15 Jahre", scheinbar ruhiger geworden ist. Doch ist das tatsächlich so oder spielt sie nur eine Rolle? „Voll verhandlungsfähig" sei sie allerdings und kann daher diesmal ihrer gerechten Strafe nicht entgehen. Am 8. Februar 1938 wird sie, nachdem sie bereits einen Teil der Strafe im Zuchthaus Jauer abgesessen hat, in das Zuchthaus Waldheim in Sachsen verlegt. Ihre Vorstrafenliste ist zu dem Zeitpunkt beachtlich: einmal Haft, zwölfmal Gefängnis, einmal Zuchthaus. Und das alles wegen Unzucht, Betrugs, Urkundenfälschung im Rückfall und schwerer Urkundenfälschung. Nach Waldheim gebracht haben Anni wissentlich falsche Anschuldigungen in Tateinheit mit Beleidigung, Verstöße gegen den § 271 StGB sowie mehrere anderer Paragrafen. Das Strafmaß für die Delinquentin beträgt sechs Jahre Zuchthaus und 1000 Reichsmark Geldstrafe oder 100 Tage Gefängnis, anschließende Sicherheitsverwahrung sowie zehn Jahre Ehrverlust. Es wird ihr Todesurteil.

Waldheim in Sachsen in der Nähe von Dresden, Standort des ehemaligen berüchtigten Frauengefängnisses, das heute die Justizvollzugsanstalt Waldheim ist. Anni ahnt bei ihrer Einlieferung nicht, dass dies die vorletzte Station in ihrem Leben sein und sie nie wieder in Freiheit leben wird. Zunächst erweist sich Anni als wenig kooperative Strafgefangene, die schon kurz nach ihrer Unterbringung zahlreiche Disziplinarstrafen erhält, die in Beurteilungsbögen festgehalten werden: „Streiterei", „Frechheit", „Ungehorsam und Ungebühr", aber auch „unbefugtes Schreiben", weil die Briefbögen eigentlich rationiert sind und nur in einem bestimmten Zeitabstand und einer bestimmten Menge ausgegeben werden. Anni kann und will sich nicht mit ihrem Leben als Zuchthäuslerin abfinden. Sie hadert vor allem mit ihrem ehemaligen Geliebten Ernst Pichler, der sie angeblich verraten habe und schuld an ihrem Unglück sei. Doch in ihren Aufzeichnungen erfährt man nur ihre ganz persönliche Version der Geschichte, und die ist bei ihrem Krankheitsbild zweifelhaft. Anni schreibt sich in ihrer Zelle die Last von der Seele, fühlt sich zu Unrecht eingesperrt. Dabei will sie aber nicht akzeptieren, dass auch für sie ein Rechtssystem gilt. In diesem Irrglauben ist sie sogar bereit, ihr angebliches Vermögen im Ausland der Regierung zur Verfügung zu stellen, natürlich unter einer Bedingung: „Ich verlange erst meine Freiheit, mein Recht, trotz der Vorstrafen", fordert sie größenwahnsinnig an einer Stelle in ihrem Tagebuch und beklagt außerdem, dass ein Vorbestrafter nichts gelte. Doch Anni kämpft gegen Windmühlen, will nicht erkennen, dass sie in ihrer Position überhaupt keine Aussicht hat, ihrer Situation zu entkommen und es besser für sie wäre, sich zu fügen. Anni sieht das allerdings völlig anders – mit dem Resultat, dass sie bald als Querulantin gilt. Sie schreibt unablässig Briefe, sei es an den Generalstaatsanwalt, an ihren Rechtsanwalt oder an Ernst Pichler. Und sie zeigt gravierende Verhaltensauffälligkeiten, schimpft im Übermaß, beleidigt Anstaltsbeamte. Ihr psychischer Gesundheitszustand scheint sich in Waldheim kontinuierlich zu verschlechtern. Und auch das Briefeschreiben wird trotz Rationierung immer exzessiver, wobei der Tenor immer gleich ist: Alle sind gegen sie, und keinem kann man trauen. „Leider gilt ein Vorbestrafter weniger als nichts", schreibt sie in der Einsamkeit ihrer Zelle. Und nun erkennt sie endlich, dass sie in ihrer Situation machtlos ist. Dass ihre gewohnte Gerissenheit, die sie als Hochstaplerin an den Tag legte, ihr nicht mehr helfen kann. Und dass ihr ehemaliger Geliebter nichts mehr von ihr wissen will. So verfällt sie in grenzenlosen Hass gegenüber Ernst Pichler, dann aber auch in einen depressiven Zustand, den sie tatsächlich so erlebt haben wird: „Eine Woche dahin in gleichem Trott, in grausamer Langsamkeit und Qual. Täglich frage ich mich, wie lange noch, wie lange noch? Manchmal bin ich drum und dran, meinem Leben ein Ende zu setzen", vertraut sie am 4. Januar 1937 ihrem Tagebuch an, nur um kurze Zeit später wieder erbost irgendwo eine Klage einzureichen oder an ihren Rechtsanwalt zu schreiben. Dabei muss sie jedoch stets damit rechnen, dass die Briefe nicht weitergeleitet werden, weil sie darin oft ausfallend und beleidigend wird. Dann heißt es in der Regel: „Die Beförderung des anliegenden Schreibens kann der Anstalt nicht zugemutet werden."

Annis Leben hinter den Gefängnismauern dreht sich bald nur noch um den Gedanken, an Ernst Pichler Rache zu nehmen, der sie angeblich hintergangen und um ihr Vermögen gebracht habe. Der Gedanke wird zum Wahn: „Alles Gute hast du in mir tot gemacht", tobt sie am 19. Juni 1938 in einem Brief, wenn auch nur mit Worten. In diesen Momenten glaubt sie selbst fest an ihr Leid, fühlt es in ihrer Magengegend. Immer häufiger sucht sie die Krankenstation auf, Symptome wie Asthma werden schließlich auch von den Gefängnisärzten als psychosomatisch gedeutet. „Ich weiß nicht mehr, was Wahrheit ist", klagt sie schließlich am 23. Juli 1939 und fasst damit sehr gut das Dilemma ihrer Persönlichkeit zusammen – der gebildeten und wortgewandten Hochstaplerin, die ihre überbordende Energie schlichtweg in falsche Bahnen gelenkt hat. Die sie in die Morphiumsucht geführt hat, in die irreversible Krankheit. Und erneut beschwert sie sich: „Was habe ich hier schon leiden müssen“, während das Gefängnispersonal zu Recht vermerkt: „Sie wird in jeder Anstalt Schwierigkeiten machen.“

1940 scheint sich bei ihr eine gewisse Resignation eingestellt zu haben. Für eine Weile verhält sie sich ruhig und unauffällig, doch das ist nur die Ruhe vor dem Sturm. Unaufhaltsam nimmt die psychische Krankheit ihren Lauf, man merkt es auch an ihrem Schriftbild in den Akten, das sich ständig verändert. Die Sache mit Pichler kulminiert, und nun ist Anni fest davon überzeugt, dass er sich auch mit ihrem Rechtsanwalt Meyer in Berlin verschworen hat und die beiden gegen sie arbeiten. „Die Welt soll erfahren, dass ich für einen anderen ins Zuchthaus ging.“ Sie verklagt Pichler auf Herausgabe ihrer persönlichen Wertgegenstände, die Klage wird abgelehnt.

Erst in einem Brief an eine gute Bekannte vom 24. November 1940 zeigt Anni, wenn auch nur kurz, eine andere Seite. Sie vermisst Berlin: „Wie sieht es in Berlin aus?“, fragt sie und fügt sorgenvoll hinzu, dass die Stadt wohl am meisten unter dem Krieg zu leiden habe. Doch der kurze Anfall von vermeintlicher Normalität verliert sich sogleich wieder, und ihre Wahnvorstellungen brechen sich wieder Bahn. Nun will sie auch ihre Tochter und ihren Schwiegersohn verklagen, denn die seien ja „genau so schlecht wie Pichler“. Das letzte Schreiben Annis in der Akte datiert vom 22. Dezember 1942. In diesem Monat reisen Beamte des Reichsjustizministeriums durch alle deutschen Haftanstalten, um die „geistig minderwertigen“ und „asozialen“ Häftlinge „auszusondern“. Schon länger sind Berichte über Verbrecher, die die Polizei zum Narren halten, in den Zeitungen unerwünscht, und besonderer Hass schlägt denjenigen entgegen, denen mit Haftstrafen kaum beizukommen ist, weil sie psychisch krank sind. Das unterminiert die Autorität des nationalsozialistischen Regimes. So wird die Diagnose der angeblichen „geistigen Minderwertigkeit“ vieler psychisch kranker Menschen schließlich für die perfiden Euthanasieprogramme missbraucht. Auch für die Meisterin der Selbstinszenierung bedeutet dies das Todesurteil. „Am 8. 1. 43 auf Transport?", heißt es fragend in einem Vermerk in ihrer Akte des Zuchthauses Waldheim. Und schließlich gibt der Aktendeckel die Antwort: „Am 8. Januar 1943 nach Auschwitz". Dort wurde Anni Sanneck am 11. März 1943 ermordet.

Was hätte sie mit ihrer Kreativität und überbordenden Energie nicht alles leisten können, wären ihre Krankheit und ihre Drogensucht rechtzeitig behandelt und so ihre Dämonen besiegt worden!

MORPHIUM FÜR DIE SCHMERZENDE SEELE

ROSE GENTSCHOW: GEWOHNHEITSDIEBIN

„Das Polizeiamt Schöneberg in Berlin-Schöneberg hat mitgeteilt, daß der Gärtner Paul Albert August Hempel, 38 Jahre alt, wohnhaft in Berlin-Steglitz, Peschkestraße 9, geboren zu Altenfließ, Kreis Friedeberg in der Neumark, verheiratet mit Emma Berta Frieda geborene Marschner, zu Berlin-Friedenau, Kaiserallee 105, am neunten Februar des Jahres tausend neunhundert zwanzig und drei, nachmittags gegen fünf ein halb Uhr verstorben sei." Aus welchem Grund genau der Gärtner Hempel das Zeitliche gesegnet hat, verrät die standesamtliche Urkunde nicht. Dass es aber ein unnatürlicher Tod gewesen sein könnte, davon zeugen vor allem ungezählte Dokumente, die oft mit „Das Polizeipräsidium Berlin hat mitgeteilt ..." eingeleitet wurden.

Rose Gentschow heißt die Dame, die eigentlich gar keine ist, und die für den Tod des glücklosen Gärtners verantwortlich war. Eine Prostituierte und notorische Diebin, der bis zu diesem Zeitpunkt nicht beizukommen war, wobei Hempel allerdings auch kein unbeschriebenes Blatt ist. Er arbeitet als Butterhändler, was offenbar lukrativer ist, als mit Blumenerde und Efeu herumzuhantieren. In seinem Wohnviertel kennt ihn daher jeder. Oft sitzt er in der Likörstube seines Vertrauens und – wie man an der Uhrzeit der Urkunde unschwer erkennen kann – frönt schon am Nachmittag dem Alkoholgenuss. Er ist verheiratet, doch das hält ihn offenbar nicht davon ab, die Bekanntschaft anderer Frauen zu suchen. An jenem fatalen Tag hat er wieder einmal außereheliche Zerstreuung gesucht und erscheint in Begleitung einer Frau im Gastraum. Die Wirtin blickt nur kurz auf und registriert die beiden. Der Gärtner ist Stammgast, die Frau hat sie schon öfters mit wechselnden Begleitern im Lokal gesehen. Die beiden ziehen sich in eine der düsteren Nischen des Lokals zurück und bestellen Angostura-Schnaps, ein ziemlich bitteres Gebräu. Die anderen Gäste nehmen keine Notiz von ihnen, es ist ein Nachmittag wie jeder andere in der rauchgeschwängerten Likörstube. Der Geräuschpegel ist laut, man lacht, scherzt, schimpft oder unterhält sich in zunehmender Lautstärke, die parallel zum Alkoholgenuss ansteigt. Was die Gäste im Verlauf des Nachmittags nicht bemerken, ist, dass die Frau auf einmal verschwunden ist. Paul Hempel tritt daraufhin an die Theke, um die nicht unerhebliche Zeche zu bezahlen. Doch auf einmal erfasst ihn ein Unwohlsein. Alles um ihn herum schwankt, ihm wird übel, er greift noch nach dem Tresen, um sich daran festzuhalten, aber vergebens! Besinnungslos bricht er zusammen. Ein Aufschrei im Lokal: „Ein Arzt, ein Arzt!" Man versucht noch, ihm zu helfen, ihn wiederzubeleben, doch umsonst. Paul Hempel ist tot. Und schon bald liegt er im Leichenkasten der Rettungswache. Er wird nie wieder gärtnern. Gesicht und Körper weisen eine sehr auffällige gelbe Verfärbung auf, die auf eine mögliche Vergiftung des Mannes schließen lässt. Der engagierte Kommissar Ernst Engelbrecht ist in der Zwischenzeit mit dem Fall betraut worden. Man hat ihn von einer Familienfeier herbeigeholt mit dem Befehl von oberster Stelle des Polizeipräsidiums, sofort mit den Ermittlungen zu beginnen. Der pflichtbewusste Engelbrecht eilt sofort zum Tatort, um sich einen ersten Überblick zu verschaffen. Noch am selben Abend gelingt es der zuständigen Revierkriminalpolizei, die ominöse Begleiterin des toten

Butterhändlers/Gärtners zu identifizieren. Ein misstrauischer Beamter hat an dem Getränkerest im Glas genippt. Der Verdacht bestätigt sich: Da hatte tatsächlich jemand Opium beigemischt, so wie vor nicht allzu langer Zeit, als ein Kriegsgerichtsrat beinahe an einem ähnlichen Trunk gestorben wäre. Rose Gentschow hieß die Schuldige damals, die den Mann, dessen genaue Identität in den Zeitungen nicht preisgegeben werden durfte, beinahe ins Jenseits befördert hätte.

Rose Gentschow wird zügig ermittelt und zum Verhör gebracht. Sie leugnet zunächst, den Toten überhaupt zu kennen. Doch als man ihr mit einer Gegenüberstellung mit der Wirtin droht, gibt sie zu, den Mann auf der Straße angesprochen und mit ihm in der Likörstube einige Schnäpse getrunken zu haben. Ihr erklärtes Ziel war es, das wird schnell klar, den Mann betrunken zu machen, um ihn zu berauben. Doch der Plan

Ihre Opfer machte Rose Gentschow gerne in Kaschemmen willenlos.

misslang. Hempel hatte sich als robust erwiesen, als sehr trinkfest, also musste Rose zur nächsten Tat schreiten, wie sie es schon etliche Male zuvor getan hatte: In einem unbeobachteten Moment gießt sie eine Opiumlösung in den Schnaps, der so bitter ist, dass ihre Opfer die Droge nicht bemerken. Ist der Mann dann apathisch, ist es ein Leichtes, seine Wertsachen an sich zu nehmen und auf Nimmerwiedersehen zu verschwinden. Und das Opium ist trügerisch. Nur für kurze Zeit versetzt es in einen euphorischen Zustand – sorglos, sorgenfrei, alles strahlt in den schönsten Farben –, doch dann kommt die Ernüchterung. Und die ist bleischwer, die Träume werden erschreckend real und vermischen sich mit der Wirklichkeit. Was mag Hempel darin wohl erlebt haben, bevor er das Zeitliche segnete?

Weinend sitzt Rose vor Kommissar Engelbrecht und beteuert, dass sie den Tod Hempels nie gewollt habe. Seine Betäubung, ja – aber das? Niemals! Rose wird in das Polizeigefängnis eingeliefert, und unter Hochtouren ermitteln die Beamten weiter. Als ein neuer Tag anbricht, weiß Engelbrecht mit Sicherheit, dass Rose Gentschow nicht nur eine Prostituierte ist, sondern eben auch eine gewerbsmäßige Diebin, die immer nach demselben Muster vorgeht. Sie spricht fremde Männer auf der Straße an oder lässt sich ansprechen, schleppt sie in Likörstuben und betäubt sie dort mit Opium oder Morphium, um ihnen dann ihre Wertsachen zu rauben. Zumeist kann die Gewohnheitsdiebin die verabreichte Dosis so gut einschätzen, dass das Opfer erst bewusstlos wird, als es mit seiner dubiosen Begleiterin bereits das Lokal verlassen hat. Dann ruft sie eine Droschke herbei, verfrachtet den Willenlosen mithilfe des Kutschers in den Wagen und lässt ihn zu seiner Wohnungsadresse fahren. Hat sie zuvor noch keine Gelegenheit zum Diebstahl gehabt, fährt sie einfach mit und beraubt das besinnungslose Opfer unterwegs. Dann hält sie die Droschke unter einem Vorwand an und verschwindet, während der Droschkenkutscher vergeblich auf ihre Rückkehr wartet. Ein gewiefter Plan. Es hätte so schön sein und immer so weiter gehen können. Eine nicht enden wollende Reihe gutgläubiger Männer, die sich gerne von einer zweifelhaften Frau auf der Straße ansprechen lassen, auch wenn sie Kriegsgerichtsrat sind. Oder war es etwa umgekehrt, hatte der Mann Rose angesprochen? Der Skandal wäre perfekt gewesen. Und so hält man zusammen und überlässt den Mann der Anonymität, während das traurige Leben der Rose Gentschow in allen Einzelheiten vor der Öffentlichkeit ausgebreitet wird.

An jenem Abend mit dem Gerichtsrat hatte Rose schon alles vor ihrem geistigen Auge gesehen: die reich gefüllte Brieftasche, wertvolle Uhren und andere Wertsachen. Und dann war der hohe Staatsbeamte auch noch so verwegen, man kann auch sagen: unvorsichtig gewesen, Rose mit in seine einsame, aber feudale Junggesellenwohnung mitzunehmen. Und wieder wurde die Schnapsflasche auf den Tisch gestellt, gezecht, als gäbe es kein Morgen mehr. Und der Kriegsgerichtsrat fiel in einen tiefen Schlaf, träumte von der netten Rose, lächelte vielleicht sogar im Traum. Und erwachte zwei Tage später bitterböse. Die freizügige Dame, mit der er so heiter gezecht hatte, die er gerne noch sehr viel näher kennengelernt hätte, war natürlich längst verschwunden, die Wohnung großflächig ausgeraubt. In diesem Fall hatte Rose einen Helfer gehabt, ihren angeblichen Verlobten. Alles hatte sein System, klug ausgedacht von Rose, die immer so weiter gemacht hätte, wenn sie nicht dem Butterhändler Hempel begegnet wäre. Und wenn sie nicht völlig den Drogen Opium und Morphium verfallen wäre, die sie sukzessive zugrunde gerichtet hatten, die ihr zum Verhängnis wurden.

„Mit bleichen Gesichtern und erschlafften Zügen, die Augen starr und gläsern, hocken die Kokainisten, in sich zusammengefallen, auf ihren Bänken. […] Im Gegensatz hierzu ist der Morphinist an seinem geröteten, etwas aufgedunsenen Gesicht zu erkennen. Auch seine Augen blicken ins Leere.“ Adolf Sommerfeld gab 1923, in Rose Gentschows Schicksalsjahr, in seinem Kriminalroman *Die Tanzdiele am Kurfürstendamm* im Kapitel *Die Lasterhöhle* einen Einblick in das Grauen, das den potenziellen Drogenabhängigen erwartete, gäbe er der Versuchung nach. In einem Paralleluniversum, in dem die Kokainisten und Morphinisten in einer fiktiven „Lasterhöhle" vor sich hindämmerten, wie es sie in Berlin nicht selten gegeben hat. Eine Mischung aus „Erstarrung und Traum", wie Sommerfeld es beschrieb, wird auch das Leben von Rose Gentschow und anderer Menschen mit Drogensucht im Berlin der 1920er-Jahre gewesen sein. Ein Leben zwischen Dämmerung und Traum, zwischen Realität und Fantasie, nie ein wirkliches Leben im Hier und Jetzt, sondern eigentlich immer woanders. Sommerfeld, der diesen schockierenden Schauplatz ausführlich beschrieb, stammte aus wohlhabendem Hause. Seine Mutter Henriette gehörte zu der jüdischen Familie Borchardt, die als „Wäsche-Borchardt" mit ihrer Berliner Wäschefabrik ein Imperium aufgebaut hatte. Zu dieser prominenten Dynastie zählten unter anderem auch die Schriftsteller Georg Hermann und Julius Knopf. Der mitunter strenge Sommerfeld ging sicherlich bewusst in eine moralisierende Form der Anklage über, um nicht zuletzt auch eine gezielte Abschreckung zu bewirken. Eindringlich beschrieb er den Verfall des Individuums durch die Abhängigkeit und bot so einen drastischen Einblick in die menschlichen Abgründe. Die rapide verfallenden Körper, das nicht aufzuhaltende Elend, das auch Rose Gentschow ein frühzeitiges Ende bereiten würde, in der „Lasterhöhle" Berlin. Dort, wo man die damals bekanntesten Drogen Morphium und Kokain beim Drogenhändler des Vertrauens käuflich erwerben konnte, der in einem Kokain-Café sein Unwesen trieb. Wie Pilze waren sie in der Inflationszeit aus dem Boden geschossen, und so wird auch Rose Gentschow gewusst haben, dass man „Zement" oder „Koks" auch an der nächsten Würstchenbude bekommen konnte, wenn berüchtigte Lokale in den einschlägigen Straßen ihre Türen bereits geschlossen hatten. Besonders Kommissar Engelbrecht hatte diesen dubiosen Gestalten, die nächtens an der Ecke die neuesten Drogen verkauften, den Kampf angesagt, und zwar bereits seit 1921. Regelmäßig hob er mit seinen Kollegen Spelunken und Drogenumschlagplätze wie die „Flotte“ in der Flottwellstraße aus. Auch er wusste natürlich, dass mit „Kakao“ eben nicht ein angenehm süßer Schlaftrunk gemeint war, sondern Kokain. Und er kannte zahlreiche Menschen wie Rose Gentschow, junge Mädchen, die schlimmstenfalls innerhalb weniger Monate durch den Kokaingenuss körperlich und geistig so desolat geworden waren, dass man sie einer Pflegeanstalt übergeben musste. Mitleid brachte Engelbrecht für die lasterhaften Damen im Drogenrausch jedoch kaum auf, ebenso wenig wie Sommerfeld, der diese Menschen in seinem Roman zu willenlosen Zombies degradierte und ihnen weder Hoffnung noch Läuterung zugestand. Und auch für Engelbrecht war Rose Gentschow eine Schwerverbrecherin, eine Frau „von beispiellosem Raffinement“, die ihre Opfer „skrupellos und kaltblütig“ erledigte. Doch war Rose Gentschow überhaupt noch dieselbe Person, die sie einst ohne die Drogen gewesen war? Wohl kaum. Und war sie durch ihre Sucht, der sie offensichtlich nichts entgegensetzen konnte, nicht schon genug gestraft? Würde sie nicht eine übermenschliche Kraft aufbringen müssen, um sich von der alles verschlingenden Sucht zu befreien? Bräuchte sie dafür nicht zwingend auch Unterstützung? Doch der Staatsanwalt war ähnlich gnadenlos wie die Herren Sommerfeld und Engelbrecht und beantragte in seinem Plädoyer vor dem Schwurgericht eine Zuchthausstrafe von 15 Jahren. Zur Verhandlung kamen nicht nur die Tötung des Butterhändlers Hempel und der Diebstahl bei einem Kriegsgerichtsrat im März 1922, sondern auch der Raub an einem Oberingenieur und einem Handlungsgehilfen.

7. April 1924. Vor drei Richtern sitzt eine 32 Jahre alte schlanke blonde Frau mit stark verlebten Gesichtszügen. Die sechs Geschworenen werden über ihr Schicksal entscheiden. Seit ein ganzes Kollegium an Sachverständigen sie vor Kurzem für haftunfähig erklärt hat, ist Rose auf freiem Fuß, nachdem sie bei der ersten Gerichtsverhandlung einen Nervenzusammenbruch erlitten hatte. Nun sitzt Rose erneut auf der Anklagebank. Die

junge Frau spricht leise und zögert oft, bevor sie eine Aussage macht. Dann wiederum schweigt sie, weint oder wimmert nur vor sich hin. Und endlich erfährt das Publikum im Saal etwas über ihr Vorleben und ihren Weg in die Abhängigkeit vom Morphium, das eigentlich in der Schmerztherapie eingesetzt wird. Das aber schon seit längerer Zeit auch trotz starker und unberechenbarer Nebenwirkungen bei unzweckmäßiger Anwendung Eingang in Kunst, Kultur und Literatur der Weimarer Zeit gefunden hatte. Und dessen Weltproduktion sich zwischen 1921 und 1928 auf 80 000 Kilogramm im Jahr verdoppeln würde, wie die „Genfer Opium-Kommission des Völkerbunds" feststellen sollte. Dass das Rauschmittel als Modedroge missbraucht werden würde, hochstilisiert zum kreativen Glücksrausch, von dem man hoffte, dass sie ungekannte Energien freisetzen würde, um diese künstlerisch zu nutzen, oft auf einem schmalen Grad zwischen Genie und Wahnsinn. Sogar Stummfilme namens *Opium* (1918/1919), *Morphium* (1919), *Die Opfer des Kokain* (1923) suchten gehäuft deutsche Kinoleinwände heim. Schriftsteller wie Edmund Edel ließen Menschen auf dem Papier leiden. Und wieder war es eine Frau, die glücklose Sylvia, deren Privatsache, nämlich ihr Liebesleben, mit der *Tragödie einer Morphinistin* gleichgesetzt wurde. Leo Hellers „Kokainhölle", die der Journalist zusammen mit Kriminalkommissar Ernst Engelbrecht 1922 hatte sprengen dürfen, hatte dem Leser ebenfalls ein Panoptikum an zerstörten Existenzen geboten. Und dann ließ man auch noch einen der größten Stummfilmstars der damaligen Zeit, nämlich Asta Nielsen, 1927 wie einen Hund in *Laster der Menschheit* leiden.

Das Publikum im Gerichtssaal versucht mitleidig, Rose Genschows Beweggründe zu verstehen und hört gebannt ihrer Lebensgeschichte zu. Rose Elise Anna Gentschow kommt am 24. Februar 1891 als Tochter des Kaufmanns und Rittergutsbesitzers Georg Max Gentschow und dessen Ehefrau Elise geb. Vageler auf der damals zu Danzig gehörenden Insel Holm zur Welt. Als Rose zehn Jahre alt ist, stirbt der Vater, die aus dem ostpreußischen Kreis Preußisch Holland gebürtige Mutter geht eine neue Ehe mit dem Rittergutsbesitzer Georg Töbing aus dem ostpreußischen Lyck ein. Den Kindern fehlt es an nichts, sie genießen eine gute Erziehung. Rose darf, was in der damaligen Zeit keine Selbstverständlichkeit ist, einen Beruf erlernen. Man schickt sie zunächst auf eine Höhere Töchterschule, anschließend wird sie Kontoristin. Mit 21 Jahren fängt sie sich die Syphillis ein, die materielle Unabhängigkeit hat sie leichtlebig werden lassen, und sie hat einen Mann kennengelernt, der sie auf die Straße schickt. Zur Linderung der Schmerzen verabreicht ihr die Mutter, die mittlerweile als Hauswirtschafterin in Berlin arbeitet, Morphium. Sie hätte es besser wissen müssen. Denn Elise ist selbst abhängig und in der Abwärtsspirale gefangen, aus der sie keinen Ausweg finden kann. Sie bestiehlt ihre Arbeitgeber, teilweise sogar gemeinsam mit der Tochter, und finanziert damit auch ihre Sucht. 15 Entziehungskuren will Rose gemacht haben, beteuert sie weinend vor Gericht, 15-mal der Traum von einem anderen Leben, der immer wieder scheitert. Erneut steht sie an der Straßenecke am Potsdamer Platz und sieht Menschen in ihren feudalen Karossen vorbeiziehen. Ihr Leben ist nur noch armselig, schmuddelig, traurig, ohne jegliche Selbstachtung. Frauen wie sie will niemand sehen oder kennen, sie zerstören den Mythos der Bürgerlichkeit, die Ordnung der Welt, die zu dieser Zeit sowieso völlig aus den Fugen geraten ist. Ebenso ist Roses Zeitempfinden zutiefst gestört. Tag und Nacht unterscheiden sich kaum noch, der eigene Körper ist ihr fremd, gehört doch gar nicht zu ihr. Die Frau, die ihr im Spiegel entgegenblickt, kennt sie nicht mehr. Sie lebt nur noch für den nächsten Rausch, koste es, was es wolle, und wenn der Preis ihr eigenes Leben ist. „Sie verkaufte sich nur, um sich betäuben zu können", schrieb Joseph Roth in einem Feuilleton über die unglückliche Frau und den Prozess. Die Männer? Sie bedeuten ihr nichts. Sie sehen in ihr nur eine Ware. Ihnen macht man keinen Vorwurf, wenn sie sich die Frauen von der Straße holen, im Gegenteil, ihre Anonymität wird gewahrt.

Rose Gentschow hingegen zahlt stellvertretend für alle verlorenen Frauen der Stadt einen hohen Preis. Hoffnung hat sie keine mehr. Sie ist eine gescheiterte Existenz. Das hat die Droge aus ihr gemacht.

Der Prozess endet, die Menschen strömen aus dem Saal in ihr eigenes Leben zurück. Rose Gentschow werden sie irgendwann vergessen. Auf der Anklagebank verharrt Rose noch einen kleinen Moment. Dann seufzt sie leise und lässt sich widerstandslos aus dem Saal führen. In das Vergessen und in den vermutlich frühen Tod. Zwei Jahre und sechs Monate Gefängnis wegen Körperverletzung mit tödlichem Ausgang, lautet ihre Strafe, von der man die bereits abgesessene Zeit in Untersuchungshaft abziehen wird. Das Einzige, was ihr noch geblieben ist, ist ihre Mutter. Doch die vegetiert schon länger schwer krank in der „Irrenanstalt" Dalldorf vor sich hin.

Am 8. September 1928 stirbt die Hausdame Elise Töbing im Berliner Rudolf-Virchow-Krankenhaus. Bald folgt ihr auch die Tochter in den Tod.

KÖNIG DER EINBRECHER

EMIL STRAUSS: GENTLEMAN-VERBRECHER

Nachdem die Welt der Hochstapler eingehend vorgestellt worden ist, wenden wir uns der Zunft der Profidiebe zu. Manch einer wird anhand der Überschrift fragen: Schon wieder ein König? Wie viele davon gab es denn eigentlich im dunklen Berlin der 1920er-Jahre und auch andernorts? Während der „König der Fassadenkletterer", der freundliche Verbrecher Fritz Wald, grundsätzlich nicht zur Gewalt neigte, was er damals glaubwürdig vor Gericht beteuerte – er habe es stets abgelehnt, mit Gewalt gegen Opfer vorzugehen –, so war Emil Strauß ein ganz anderes Kaliber. Nicht minder bekannt wie Wald, war er jedoch kein Hochstapler, sondern ein überaus professioneller Ein- und Ausbrecher. Und: als „Schrecken der Warenhäuser" war er stets bewaffnet unterwegs und hatte auch immer eine geladene Pistole in der Nachttischschublade, so wie auch sein Bruder Erich, mit dem er zumeist gemeinsam agierte. Leider kam sie eines Tages zum tödlichen Einsatz. Nach einer langen kriminellen Karriere und einer noch längeren Vorstrafenliste ereilte den Verbrecher am 19. Dezember 1919 sein Schicksal.

Die Brüder Strauß hatten wieder einmal ein großes Geschäftshaus ausgeraubt, es machte ihnen dabei zunehmend Spaß, die Polizei an der Nase herumzuführen. Tollkühn waren sie über die Dächer der Nachbarhäuser angerückt, hatten einen Zugangsweg gesucht und gefunden und sich dann wagemutig in das Warenlager abgeseilt. Doch an jenem fatalen Abend wurde die in dieser Zeit viel beschäftigte Berliner Polizei – Einbrüche und Überfälle häuften sich in den Nachkriegswirren – zu einer Witwe in die Guineastraße gerufen, die auf einmal, völlig untypisch für sie, auffallend viele Geldausgaben machte – ein Nachbar hatte sie daraufhin bei der Polizei denunziert. Die kombinierte blitzschnell: Ob sich dort wohl die Räuber versteckt hielten, die in der Nähe des Schlesischen Bahnhofs einen Geldtransport der Post überfallen hatten? Die Beamten lagen mit ihrer Vermutung völlig richtig.

An diesem Abend rücken fünf Beamte unter Leitung von Kriminalwachtmeister Erdmann an und begehren forsch Einlass, um die Wohnung zu durchsuchen, wo die Witwe Behrend gerade mit zwölf Personen ihren Geburtstag feiert, darunter auch Emil und Erich Strauß, die man dort aber nur unter dem Namen „Vogel" kennt. Mit Emil hat sie in der Zwischenzeit ein Verhältnis angefangen. Noch bleiben die Gäste auffallend ruhig. Ihre Personalien werden festgestellt und für in Ordnung befunden – auch die der Gebrüder „Vogel". Als einer der Beamten aber ein Geldbündel hoch oben auf dem Ofen findet und Frau B. als Erklärung wenig überzeugend eine Erbschaft ihres Vaters vorschiebt, spitzt sich die Situation zu. Emil hat sich in der Zwischenzeit unbemerkt in eine kleine Kammer zurückgezogen. Erdmann wird misstrauisch, dann hört er unverkennbar das Klacken eines Revolvers, den Emil gerade versucht hat zu laden. Er reißt die Tür auf und schreit: „Hände hoch!" Der alkoholisierte Emil erschrickt und schießt sofort. Er streckt Wachtmeister Erdmann nieder, während sein Kollege Krumbholz einen Kopfschuss erleidet. In dem anschließenden Tumult, in dem die Gäste allesamt flüchten können, hat sich Emil, der lediglich einen Streifschuss abbekommen hat, einen Teil des Geldes vom Tisch greifen können und ist die Treppe hinaufgelaufen, um über die dunklen Dächer zu entkommen.

Nur wenige Wochen später – Wachtmeister Erdmann ist in der Zwischenzeit seinen Verletzungen erlegen, und Krumbholz hat man ein Auge entfernen müssen – kommt es zum finalen Kräftemessen zwischen Emil und der Polizei. Die kriminellen Brüder haben sich im Norden der Stadt in einem Hinterzimmer eingemietet. Eine dubiose Absteige, wo niemand Fragen stellt und die Vermieterin sie nicht vorschriftsmäßig bei der Behörde anmeldet. Kriminalwachtmeister Albert Dettmann ist zu dieser Zeit einer der beliebtesten Beamten der Stadt – und auch einer der fähigsten, hat er doch als einziger die Spur der Verbrecher verfolgen können. So steht er jetzt resolut vor der Tür, hinter der er die gesuchten Schwerverbrecher vermutet. „Aufmachen, Emil! Hier ist Dettmann! Wir haben Handgranaten!", brüllt der Beamte, der auch den Gebrüdern kein Unbekannter ist, woraufhin es aus der Wohnung zurückschallt: „Wenn ihr keine Dummheiten macht, machen wir auch keine." Lapidar reagiert Dettmann mit einem „Is jut Emil. Mach man auf" und kann so den Verbrecher tatsächlich zum Aufgeben überreden. Ungewohnt zaghaft wird die Tür geöffnet, nachdem Dettmann Emil hoch und heilig versprochen hat, nicht auf ihn zu schießen. Das hohe Gut des Ehrenworts und wohl das größte Heiligtum in der Berliner Verbrecherwelt, das in dem Fall tatsächlich gehalten worden ist, hat verhindert, dass diese Begegnung zum Blutbad wurde. Darüber hinaus hat diese Begebenheit den Beginn einer sehr ungewöhnlichen und in der Berliner Kriminalgeschichte der 1920er-Jahre einzigartigen Freundschaft markiert.

Die Gebrüder Strauß kommen zunächst für ein ganzes Jahr in Untersuchungshaft. Am Tag des Gerichtstermins werden sie in Handschellen und mit schweren Ketten an den Füßen vorgeführt. Der Prozess ist eine Sensation, der Andrang, wie so oft in diesem Jahrzehnt, außergewöhnlich groß. Hektisch überschlagen sich die Tageszeitungen mit Berichten. Gebannt verfolgt das gemischte Publikum, in dem Damen der Gesellschaft neben Prostituierten sitzen und es sogar ein berüchtigter Verbrecherclub geschafft hatte, sich auf die Tribüne für die Juristen und deren Angehörige zu schmuggeln – um einen der Ihren zu bestaunen. Dann geht ein Raunen durch den Saal, als der Prozess eine völlig überraschende Wendung nimmt, mit der niemand gerechnet hat: Strauß setzt zu seiner eigenen Verteidigungsrede an, der Staatsanwalt unterbricht ihn zunächst, doch Strauß lässt sich nicht beirren. Das ist sein Moment, seine Stunde, in der er sehr offen und ehrlich über seine Vergangenheit sprechen will und muss. Es ist ihm geradezu ein Bedürfnis, über seine Kindheit und Jugend zu berichten, über die Menschen, die ihn zum Verbrecher haben werden lassen. Im Saal herrscht Totenstille. Alle hängen an seinen Lippen und lauschen gebannt dem Verbrecher mit der traurigen Kindheit. Mit seiner Rede kann er sich letzten Endes vor der Todesstrafe retten, mit der zuvor alle sicher gerechnet haben, weil auch der Staatsanwalt seine Anklage formal und psychologisch auf Mord begründet und daher Notwehr ausgeschlossen hatte. Und auch die Verbrecher auf der Tribüne waren ins Zweifeln gekommen. War Strauß wirklich einer von ihnen? Der Mann mit der schönen Handschrift, der auch Stenografie beherrschte? Der Gedichte schrieb und vor allem die sittliche Kraft zu haben schien, sich aus dem „Schmutz“ emporzuarbeiten? Der irgendwie anders war als sie selbst? Der Manieren hatte, ein sicheres Auftreten, eine

Undatierte Polizeifotos des Einbrecherkönigs Emil Strauß

„unaufdringliche Vornehmheit", fast schon ein Schöngeist, der einfach nur in die falsche Familie, in ein falsches Milieu hineingeboren worden war? Und dann wird aus der erwarteten Todesstrafe tatsächlich die Höchststrafe von 15 Jahren. Die Sensation ist perfekt, die ganze Stadt redet tagelang nur über ihn, Emil Strauß, den Verbrecher, der es im Leben irgendwie sehr schwer gehabt hat. Der aber irgendwann auch vor der Entscheidung stand, eine moralische Grenze zu überschreiten, die er mit seinen Fähigkeiten nicht hätte überschreiten müssen. Das war sein erstes großes Verbrechen.

Die Gefängnistür schließt sich hinter Strauß, und der geläuterte Mensch schwört hinter Gittern endgültig seinem vorherigen Leben ab. Er will ein besserer Mensch werden und auch die Familie von Wachtmeister Erdmann unterstützen, der er den Vater genommen hat. Und dann passiert erneut etwas sehr Ungewöhnliches: Ausgerechnet Albert Dettmann, der Beamte, der ihn verhaftet hat, besucht ihn im Gefängnis. Emil kann seinen Augen kaum trauen. Unsympathisch sind sie sich trotz allem nie gewesen, und als Mann, der den „Schuss aus der Manteltasche heraus" beherrscht, ist Dettmann ohnehin eine Respektsperson, nicht nur in der „Roten Burg", dem Polizeipräsidium. Dettmann besucht ihn von da an regelmäßig in seiner kargen Zelle. Nach der erfolgreichen Festnahme von Strauß hat man ihn zum Kriminaloberwachtmeister befördert. Doch mit seinem Wunsch, die Belohnung, die er für die Verhaftung von Emil Strauß bekommen hat, dafür zu verwenden, den Delinquenten in der Zelle mit Lebensmitteln, Lektüre und anderem zu versorgen, stößt er beim Polizeipräsidenten auf taube Ohren. Dieser ist ohnehin nicht gut auf Dettmann zu sprechen, hat der doch diesen unerhörten Ausspruch gemacht: „Die Gebrüder Strauß sind mir die sympathischsten Verbrecher", ein Satz, der aus rein menschlichem Empfinden heraus entstanden ist. Ausgesprochen von einem Mann, der seine kriminelle Umwelt nicht nur mit den Augen eines Kriminalbeamten sieht, sondern auch als Mensch. Es folgte ein Aufschrei unter seinen Vorgesetzten, die ihm Befehlsverweigerung unterstellten. Für Albert Dettmann bedeutete das das Ende der Karriereleiter, über den Rang des Kriminaloberwachtmeisters kam er nicht mehr hinaus.

Dabei stand Dettmanns berufliche Laufbahn von vornherein unter keinem guten Stern. Zunächst hatte man ihn Kriminalkommissar Ernst Engelbrecht zugeteilt, der von 1921 bis 1923 der Leiter der Streifmannschaft der Berliner Kriminalpolizei war. Ein äußerst undankbarer Job, denn die Razzien fanden zumeist um Mitternacht statt. Dafür schlossen sich zahlreiche Kriminalbeamte, eine Hundertschaft der Schutzpolizei und die Streifmannschaft zusammen. Letztere wurden von besonders erfahrenen Beamten wie Dettmann angeführt. Ganze Straßenzüge wurden abgesperrt, um verdächtige Etablissements gründlich zu durchsuchen. Hunderte von Menschen karrte man anschließend auf Lastwagen zum Polizeipräsidium, um dort deren Personalien festzustellen und sie gegebenenfalls gleich dazubehalten. Doch Teamarbeit lag Dettmann seit jeher nicht. Der unkonventionelle Einzelgänger konnte sich nur schwer unterordnen. In gewisser Weise war auch er ein Außenseiter, zumindest in seiner beruflichen Gesellschaft, während die Verbrecherwelt eher dachte, er sei einer von ihnen. Während seine Vorgesetzten an ihm verzweifelten und Albert 1926 schließlich den Polizeidienst quittierte, hatte sich sein Ruf in der Bevölkerung – inklusive Unterwelt – längst gefestigt und fast folkloristische Züge angenommen. Die Zeitschrift *Der Berliner Bär* widmete ihm sogar den *Gemütsmenschmarsch* mit Klavierbegleitung und griff darin das (falsche) Gerücht auf, dass Albert Dettmann nach seinem Rückzug aus dem Polizeidienst Budiker werden wollte: „Der Albert, der einst Greifer war, / Und doch kein Menschenschleifer war, / Der hat nen Jriff nachs Jlick riskiert / Un eene Theke uflackiert. / Bei die Polente war't zu steif. / For so wat war er noch nich reif. / Beamtenseele hat er nich / Und Bonzenhochmut mag er nich. / Da biste denn jejangen, / Beamter sein war nischt! / Doch jreife knorke weiter / Bis de det Jlick erwischt. / Un krichste et zu fassen, / Denn

Preißisch

jreife nich daneb'n. / Sei sanft – mit ohne Handschell'n – / Un laß's – wie Straußen – leb'n!"

Am 27. August 1927 verstirbt Albert Dettmann, der nach seinem Rückzug aus dem Polizeidienst nicht Kneipenwirt geworden ist, sondern ein eigenes Detektivbüro in der Brunnenstraße 75 im Wedding eröffnet hat und an einem mehrbändigen Werk über seine Erlebnisse während seiner Berufszeit arbeitet, völlig unerwartet an einem Nervenleiden. *Gehetzt und verfemt* ist der erste und letzte Teil seiner geplanten Kriminalreihe. Emil Strauß trauert in seiner einsamen Zelle und weiß, dass der Kampf um seine Begnadigung, für die sich sein Freund Albert Dettmann hatte einsetzen wollen, nun endgültig beendet ist. Dass der einzige Mensch, der ihm noch als Freund geblieben ist, weil er den Menschen und nicht den Verbrecher in ihm gesehen hatte, nach seinem letzten Besuch nur wenige Wochen zuvor, am 10. Juli, für den Dettmann sogar nach Münster gereist ist, nicht mehr wiederkommen wird. Überhaupt nicht ahnen kann er in diesem Jahr, dass er nie wieder in Freiheit gelangen wird, dass man ihn mehrmals verlegen wird, so nach Münster in Westfalen und nach Brandenburg-Görden, und dass er ein Versuchskaninchen für die Kriminalbiologische Forschungsstelle werden wird, für die er ausführlich schriftliche Auskünfte geben muss. Bis die Nationalsozialisten ihn schließlich zu einem unbekannten Zeitpunkt liquidieren, weil man die „Berufsverbrecher", die „Volksschädlinge" „ausmerzen" wollte.

Doch was war für Dettmann eigentlich ausschlaggebend dafür gewesen, sich sein positives Urteil über Emil Strauß zu bilden? Ihm sogar Sympathie entgegenzubringen? Seinen Standpunkt hatte Dettmann in seinen Erinnerungen klar zum Ausdruck gebracht: „Der geruhsame Bürger resp. der Laie ahnt meist gar nicht, was für die Allgemeinheit oft wertvolles Menschenmaterial in den Kreisen vorhanden ist, die die Behörden als ‚minderwertig' und ‚gemeingefährlich' zu verfolgen und zu bekämpfen haben." Dettmann hatte hinter die Fassade der „schweren Jungs" geblickt und erkannt, dass ein menschliches

Entgegenkommen durchaus Positives bewirken kann, dass der Verbrecher wieder zu einem wertvollen Mitglied der Gesellschaft werden könnte, wenn man ihn denn ließe und ihn konsequent unterstützt. Werfen wir doch einmal einen Blick auf die Gedankenwelt des Emil Strauß, des wortgewandten und intelligenten Verbrechers, der in seinen stillen Stunden hinter Gefängnismauern nicht nur zum Poeten wurde, sondern auch zum Autobiografen:

„Ich wurde am 25. März 1887 als Sohn des Stubenmalers Otto Julius Emil Strauß im Schlesischen Viertel in Berlin geboren. Meine Familie wohnte damals unweit der Spree in der Wrangelstraße 138, eine arme Proletarierfamilie, die kaum Aussicht hatte, ihrem Elend je zu entkommen. Mein Vater hatte sich zunächst noch redlich bemüht, uns alle zu ernähren. Als er dann aber zunehmend dem Alkohol verfiel, zerbrach die Familie daran. Wie oft musste meine Mutter in den Kaschemmen der Umgebung nach ihm Ausschau halten, um ihn nach Hause zu holen. Hatte sie ihn schließlich gefunden, grölte er herum, beleidigte sie auf offener Straße, schimpfte über seine ‚missratenen' Gören. Es war für uns Kinder sehr schwer zu ertragen, doch was hätten wir tun können? Meine Mutter Alwine tat mir aufrichtig leid, sie war eine herzensgute Frau, an der ich und meine Geschwister mit großer Zärtlichkeit hingen. Mit der Zeit wurde mein Vater immer unzugänglicher, immer brutaler. Es schien ihm Freude zu machen, im Suff mit seinem Ledergürtel auf uns Kinder einzuprügeln. Seine Arbeit, der er zunächst noch regelmäßig nachgegangen war, vernachlässigte er immer häufiger, sodass wir oft nichts zu essen hatten. Meine frühesten Kindheitserinnerungen sind Streitereien zwischen den Eltern, und Hunger. Und immer öfter nahm mein Vater seinen Ledergürtel ab, um uns Kinder damit grundlos zu verprügeln. Dann weinte meine Mutter bitterlich, weil sie uns doch nicht helfen konnte, zu groß war die Gefahr, dass mein Vater auch sie, die wieder schwanger war, schlagen würde. Zehn Kinder gebar sie insgesamt, wovon drei früh starben. Meine Schwester Friederike wurde nur ein Jahr alt, mein ältester Bruder Ernst sollte 1917 als Landsturmmann im Krieg fallen, 1896 meine 16-jährige Schwester Bertha elendig an einer Lungenentzündung zugrunde gehen, als wir noch in der Manteuffelstraße wohnten. An meine Großeltern habe keine Erinnerungen mehr. Meine Mutter schwieg, wenn wir zum Beispiel nach ihrem Vater fragten und warum er seine Enkelkinder denn nie sehen wollte. Die Mutter sagte nur, dass er mehrmals versucht habe, sich umzubringen. Mehr war aus ihr dann aber nicht herauszubekommen. Wir zogen öfters um, immer dann, wenn mein Vater mal wieder seine Arbeitsstelle verloren hatte, weil er wieder zu viel getrunken hatte. Und wieder reichte das Geld nicht für die Miete und die Lebensmittel. Vor meinem geistigen Auge sehe ich meinen Vater auf der Suche nach Arbeit durch die Straßen der Stadt oder an der Spree entlang ziehen. Manchmal begleitete ich ihn, und oft verschlug es uns in den Osten oder Norden der Stadt zu den nicht enden wollenden großen Mietskasernen mit Menschen, die ein ähnlichen Schicksal ertragen mussten und dort zusammengepfercht ihr Dasein fristeten. Eines Tages ging er am Schlesischen Bahnhof vorbei in Richtung Andreasplatz. Grell geschminkte Frauen standen da am Straßenrand, während lärmende Kraftdroschken an ihm vorbeistieben.

Der Regen peitschte auf uns nieder, als wir Ende 1896 mal wieder unsere Habseligkeiten packen mussten und uns aufmachten, unser neues „Zuhause" zu beziehen. Diesmal verschlug es uns nach Neu-Weißensee, wo mein Vater hoffte, bald Arbeit zu bekommen. Rund um den 1880 eröffneten jüdischen Friedhof hatten sich zahlreiche wohlhabende Familien angesiedelt und die Villen in der Umgebung bezogen, sodass Handwerker dort eine gute Aussicht auf einen Arbeitsverdienst hatten. Meine Mutter wurde im kalten und schneereichen Januar 1897 wieder entbunden, und diesmal waren es auch noch Zwillinge. Ich war mittlerweile zehn Jahre alt und ging schon zur Schule. Dann kam der Tag, an dem alles anders wurde. Ich weiß nicht, ob mein Leben anders verlaufen wäre, hätte es nicht diesen einen Tag am 1. Juli 1897 gegeben, an dem meine Mutter starb. Noch heute plagen mich Albträume. Immer wieder sehe ich die schemenhafte Gestalt meiner Mutter, an der ich so gehangen habe, muss jedes Mal wieder und wieder im Traum mit ansehen, wie sie langsam und mit gesenktem Haupt das Treppenhaus hoch auf den Speicher wankt. Wie sie dort oben einen einsamen Tod stirbt, und das von eigener Hand. Stellt einfach einen Stuhl auf, klettert mühsam auf den dunklen Holzsitz, bindet ein Seil an einen Querbalken und legt dann die graue Schlinge um ihren weißen Hals. Dann geht alles sehr schnell, der Stuhl kippt um, es dauert noch eine gefühlte Ewigkeit, und dann ist Mutter tot. Gestorben aus Scham darüber, dass sie Geld unterschlagen hat, das sie sich mit dem Austragen von Zeitungen am frühen Morgen verdient hat. Das sie aber so dringend brauchte, um uns Kinder zu ernähren.

Wie oft habe ich ihr damals dabei geholfen, bin in aller Herrgottsfrühe mit ihr aufgestanden. Bei Wind und Wetter trugen wir Zeitungen aus, und danach lief ich zerlumpt, ungewaschen und hungrig zur Schule. An jenem Tag, an dem alles anders wurde, lief das Leben draußen seinen gewohnten Gang. An diesem Sommertag, an dem die Sonne nicht mehr aufhören wollte zu scheinen. Kriminalbeamte liefen durch das Mietshaus, begutachteten den Ort des schrecklichen Geschehens, sprachen mit den Nachbarn, von denen sich niemand wirklich über die Tragödie aufregte. Es war nicht das erste Mal, dass ein verzweifelter Mensch im dunklen Sarg aus dem Haus getragen wurde. Den Vater mussten die Beamten suchen. Sie holten ihn schließlich aus der nächsten Destille, wo er gerade einem Zechgelage frönte. Zunächst begriff er gar nicht, was die uniformierten Männer da zu ihm sagten. Alwine ist tot? Doch als die Wahrheit schließlich doch noch durch den Alkoholnebel zu ihm durchdrang, mussten die Beamten ihn beruhigen. Der schwache und egoistische Mensch zerfloss geradezu vor Selbstmitleid, nun hatte er niemanden mehr, der ihm den Haushalt machte und die Kinder versorgte. In der Zwischenzeit war ich in Panik davongerannt mit meinem jüngeren Bruder Erich an der Hand, der mir sowieso wie ein Schatten überall hin folgt. Auch er fürchtete sich vor den Männern in den Polizeiuniformen, und die Mutter, die ihn auch immer beschützt hat, war nicht mehr da. Wir liefen durch unsere Straße, die Pistoriusstraße. Gleich nebenan lag ein großer evangelischer Friedhof, wir umrundeten die Friedhofsmauer, die uns Kinder immer unendlich lang vorkam. Dahinter tauchte die Sonne gerade die Grabsteine in ein warmes Licht. Menschen gingen zum Eingang, um die Gräber ihrer Verstorbenen zu besuchen. Ich hielt kurz inne. Die Ruhe, die der Friedhof ausstrahlte, hatte mich etwas besänftigt, auch wenn ich damals noch nicht so richtig begreifen konnte, warum. Mein Bruder fürchtete sich vor den großen und dunklen Grabsteinen. Was sollte ich nun tun? Erich war noch zu klein, ich konnte doch nicht so einfach davonlaufen und ihn mitnehmen. Und ihn zurücklassen, das hätte ich niemals über das Herz gebracht. Er hatte sich seit seiner Geburt in allem sehr langsam entwickelt und auch erst sehr spät angefangen zu sprechen. Ich war zu seiner wichtigsten Bezugsperson geworden. So fasste ich den Entschluss, zunächst mit Erich zu unserem Vater und unseren Geschwistern zurückzukehren. Ein paar Tage später war dann auf einmal der Vater spurlos verschwunden. Der Nichtsnutz hatte uns einfach hilflos zurückgelassen. Wenn Nachbarn, die selbst kaum etwas zu essen hatten, sich nicht um uns gekümmert hätten, ich weiß nicht, was aus uns geworden wäre. So versorgten sie uns so lange, bis die Fürsorgebehörde der Gemeinde uns an Pflegefamilien vermittelt hatte und auch die Kosten für unsere Unterbringung übernahm.

Ich kam also in eine Pflegestelle, die nur unweit der Pistoriusstraße lag, sodass ich auch weiterhin meine Schule besuchen konnte. Meine Pflege-„Mutter" Martha Zielinski, ihr Mann und ihre Tochter Hedwig, nahmen mich auf und strichen dafür das Geld von der Gemeinde ein, das der Ehemann Marthas meistens noch am selben Tag versoff. Einen schönen Dienst hatte man mir erwiesen! Ich hatte mich zunächst gefreut, endlich ein neues Heim gefunden zu haben, doch die Ernüchterung folgte schnell: Der Mann war ein versoffener Kuhknecht, der bei seinem Brotherren volle Kost erhielt und daher nur zum Schlafen nach Hause kam. Und zum Krakeelen. Und die beiden Frauen waren kriminell, das wurde mir dann leider nur zu schnell klar. Sie machten noch nicht einmal vor den Friedhöfen von Weißensee Halt, stahlen dort die Wachsrosen auf den Gräbern, um sie dann an eine Kranzbinderei weiterzuverkaufen. Und Martha verdiente sich noch zusätzlich Geld damit, dass sie einzelnen Zöglingen des Bethabara-Stiftes, eine Besserungsanstalt für junge Mädchen, zur Flucht verhalf und sie dann bei ihr bekannten Kupplerinnen unterbrachte. Dort wurden die armen Mädchen dann auf den Strich geschickt, wofür Martha dann natürlich auch ihren Anteil bekam. Aber auch Hedwig hatte ich, als ich so langsam dahinterkam, bei was für sauberen Damen ich eigentlich gelandet war, im Verdacht, ebenfalls diesem zweifelhaften Broterwerb nachzugehen. Und tatsächlich erfuhr ich später dann auch, dass sie eine unter sittenpolizeilicher Kontrolle stehende Straßendirne gewesen war. Eines Tages, ich war gerade aus der Schule gekommen, forderten die beiden mich das erste Mal ganz konkret dazu auf, in einem bestimmten Kolonialwarenladen stehlen zu gehen. Mir wurde nun klar, dass ich vom Regen in die Traufe gekommen war. ‚Halt de Schnauze, Emil, und jeh', sonst brauchste jar nich mehr wieda kommen!', war schließlich auch die wenig freundliche Reaktion auf meinen Protest. Es war der aussichtslose Kampf eines Schuljungen, dessen natürliches Pietätsgefühl stark verletzt worden war, der es aber dennoch nicht wagte, ihnen nicht zu gehorchen. Die Alternative wäre ein Leben auf der Straße gewesen. Und das wollte ich auf gar keinen Fall! Ich wollte es doch im Leben zu etwas bringen, weil ich immer meinen Vater vor mir sah: betrunken, brutal, nutzlos für die Gesellschaft. Also tat ich wie geheißen und stahl für die beiden, immer und immer wieder, zum Glück entwickelte ich darin eine gewisse Fertigkeit und wurde daher nie erwischt. Wenigstens in der Schule wurde ich, als ich nicht mehr in aller Herrgottsfrühe aufstehen musste, bald Klassenbester. Am Nachmittag verdiente ich etwas Geld als Laufbursche. An der Wand im Schulzimmer hing ein großes Bild des Kaisers, der streng auf uns herabblickte. Ich mochte ihn nicht. Ich verstand nicht, warum Menschen wie er mehr wert sein sollten als andere, nur weil er der Kaiser war. Das Lernen fiel mir schon immer leicht, und ich zeigte an vielen Fächern ein großes Interesse, vor allem an den naturwissenschaftlichen. Trotz aller Widrigkeiten hatte ich nicht verzagt und hatte mich nicht, wie mein Vater, aufgegeben.

Zwei Jahre später heiratete mein Vater, der inzwischen tatsächlich doch noch vom Trinken losgekommen war, eine arme Polin, die weder lesen noch schreiben konnte, sonst aber in allen Gewässern befahren war, und die zudem im Übermaß Reinlichkeit, Sauberkeit und Ordnung liebte. Wir Kinder kehrten also zum Vater und zu der neuen ‚sauberen' Stiefmutter zurück. Warum gerade ich dann zum Sündenbock wurde, weiß ich bis heute nicht. Meine Geschwister hatten es bei ihr gut, doch mich schien sie geradezu zu hassen. Vielleicht hatte es etwas damit zu tun, dass ich mich monatelang nicht hatte überwinden konnte, ‚Du' zu ihr zu sagen. Für mich war sie eine fremde Frau, die meine wirkliche Mutter nicht so einfach ersetzen konnte. Ihr Hass gegen mich steigerte sich schließlich bis hin zu richtigen Tobsuchtsanfällen. Und sie wiegelte meinen Vater gegen mich auf, verleumdete mich, machte falsche Anschuldigungen. Wollte ich sie richtigstellen, bezichtigte er mich, ein elender Lügner zu sein. Dann ging er in die Wohnküche, holte seine Fischbeinreitgerte raus und prügelte in unbarmherzigster Weise auf meinen nackten Oberkörper ein. Und auch sonst hatte ich es nicht gut bei ihnen und kam mir vor wie ein Aussätziger. Mein Nachtlager war ein mit muffigen Decken bedecktes Feldbeingestell, auf das unablässig der kondensierte Wrasen unseres Mansardenküchenfensters herabtröpfelte. Beim Essen saß die übrige Familie in der Stube am Tisch, doch ich musste mein ‚Futter' wie ein räudiger Hund auf dem Kohlenkasten hockend verschlingen. Dann nahte der Tag meiner Schulentlassung, ich war jetzt 14 Jahre alt. Wie gerne hätte ich ein Handwerk erlernt, es war mein brennendster Wunsch, doch als ich ihn gegenüber meinem Vater und meiner Stiefmutter äußerte, wurde er mir glatt verwehrt! Also musste ich nach einer Anstellung Ausschau halten und fand sie als Dreiradfahrer in der Lampenfabrik von Meyer in der Neuen Grünstraße. Die Arbeit war sehr anstrengend und schlecht bezahlt, abends fiel ich wie tot auf mein Feldbett. Doch ich war gewillt durchzuhalten, und tatsächlich blieb ich mehrere Monate dort. Eines Abends schaffte ich es nicht mehr rechtzeitig, zu der Fabrik zurückzukehren. Ich stand also vor dem verschlossenen Tor und musste nun notgedrungen das am Tag bei den Kunden einkassierte Geld, insgesamt 68 Mark, mit nach Hause nehmen. Vor dem Schlafengehen zählte ich es noch einmal, es waren immer noch 68 Mark. Als ich aber am nächsten Morgen erwachte und wieder nachzählte, fehlten 20 Mark! Ich sagte meiner Stiefmutter auf den Kopf zu, dass sie das Geld gestohlen habe. Sofort schlug sie zu, und ich bekam eine ordentliche Backpfeife. Dann drehte sie sich um, ließ mich stehen und rannte gleich zu meinem Vater, um mir eins auszuwischen und mich anzuschwärzen. Als ich schließlich dem Vorarbeiter mein Missgeschick gestand, glaubte er mir auch nicht und kündigte mir fristlos. Ich hatte nun keine Arbeit mehr, kein Geld, und am Abend dann auch kein Zuhause mehr. Mein Vater hatte mich hinausgeworfen. Das, wovor ich immer Angst gehabt hatte, war eingetreten: Ich war nun obdachlos. Zu allem Überfluss sollte der Verrat meiner Stiefmutter dann auch noch für die erste Anzeige bei der Polizei wegen Unterschlagung sorgen. Für mich wurde also eine kriminalpolizeiliche Strafakte angelegt, die sich nach und nach über die Jahre hinweg beständig füllen sollte. Sie war der Beginn meiner kriminellen Karriere.

Hastig hatte ich noch das Nötigste meiner Habseligkeiten, Wäschestücke, Hemden und so weiter in mein Ränzel gepackt und stand dann ratlos vor dem Haus, aus dem man mich hinausgejagt hatte. Wo sollte ich jetzt bloß hin, ohne Bleibe, ohne Halt im Leben? Die Verbitterung über die niederträchtige Schurkerei meiner Stiefmutter, die trotz meiner Unschuldsbeteuerungen keinerlei Gnade gezeigt hatte und somit auch meinen Vater gegen mich aufgehetzt hatte, war unendlich groß. Ich hatte kein Vertrauen mehr in die Menschheit, mit Riesenschritten ging ich auf den Abgrund zu, nicht ahnend in dem Moment, dass eine langjährige Strafe bald der anderen folgen sollte. Bleiben konnte ich jedenfalls erst einmal nicht, ich wollte einfach nur weg, weg aus dieser Stadt, wo man mir so übel mitgespielt hatte.

Und so verließ ich Berlin, um mich mit meiner Arbeitskraft den Bauern in der Umgebung anzudienen. Dass ich ihnen hilflos ausgeliefert sein würde, ahnte ich noch nicht, für sie galt ich als heimatlos. Und das war für sie das Schlimmste, was es gab, selbst ein Hofhund hatte mehr Rechte als ich, weil er irgendwo dazugehörte. Als Handwerkergeselle, der ihnen wirtschaftlich ebenbürtig war, hätten sie mich akzeptiert. Und für den Fall, dass einmal keine Arbeit zu finden war, hätte ich von der zuständigen Handwerkerzunft zumindest eine Entschädigung erhalten. Doch so war ich für sie ein Nichts, ein Niemand.

Ich ließ also frühmorgens die rauchenden Kaminschlote hinter mir, den Lärm der ratternden Fabrikwagen, Fuhrwerke und Menschen, die von der Masse verschluckt wurden. Ich war alleine mit mir und meinen Gedanken. Es wurde immer grüner, als ich die ersten Laubenkolonien und Restaurationsgärten passierte. Ein Hausierer mit einem Hundegespann kam mir entgegen und grüßte mich freundlich, wünschte mir einen Guten Tag. Ich marschierte an der Hasenheide vorbei, dahinter lag der große Übungsplatz der Garnison, wo der von mir verhasste Kaiser gerne seine Militärparaden abhielt. Als schließlich der Wald hinter der Britzer Ring-Chaussee immer näher kam und die Luft zunehmend sauberer und erfrischender wurde, spürte ich, wie zunehmend eine Last von mir abfiel. Ich atmete tief durch, doch in der Ferne glaubte ich, den Lärm der Stadt zu hören, der Menschen, die ihrer Fronarbeit entgegensahen, die sie vorzeitig altern ließ, die ihnen ihre Würde raubte. Die nie eine Chance haben würden, ein Leben in Würde zu führen.

Allzu lange hielt es ich als Vagabund, der noch nicht einmal bei den Bauern etwas zählte, dann auch nicht aus. Zu groß war die Sehnsucht nach geordneten Verhältnissen, nach einem festen Dach über dem Kopf, nach einem kleinen bisschen Würde. Und das konnte mir das Leben auf der Straße nun einmal nicht bieten. Bei einem Bauern in der Umgebung von Cöpenick hatte ich eine Weile Unterschlupf gefunden, und der Mann war tatsächlich bereit gewesen, mich als Knecht einzustellen. 25 Taler sollte ich dafür erhalten, für ein Jahr Arbeit, das war ein Hungerlohn und der Bauer ein Ausbeuter, der meine Lage schamlos ausnutzte. Ich willigte notgedrungen ein und verpflichtete mich für zwölf Monate. Und während der Bauer mit seiner großen Familie in seinem Bauernhaus mit Reetdach seine Abende verbrachte, am Küchentisch schlemmte, ließ er seine Knechte in der Scheune schlafen. Ich sehe sie noch vor mir, die vielen weiß gestärkten Bettlaken, die auf Wäscheleinen davor aufgespannt waren, und sich im Wind wie Gespenster aus meiner Vergangenheit wogten. Ich konnte mich an der Tränke mit Wasser und Seife so lange schrubben, wie ich wollte, von der Feldarbeit schien der Schmutz nie wieder weg zu gehen. Es war eine gefühlt ewig lange Zeit, so kam sie mir zumindest vor, die nicht mehr enden wollte, die ich dort notgedrungen verbrachte. Als ich eines Tages auf dem Feld von meiner Arbeit aufblickte, glaubte ich in der Ferne die Türme meiner Geburtsstadt zu sehen. Doch es war nur eine Illusion. Den ganzen Vormittag hatte die Sonne auf das Feld gebrannt, es war brütend heiß, ich hatte es mir nur eingebildet. Schlagartig wurde mir dann aber bewusst, dass mir Berlin fehlte. Nach Monaten harter Arbeit und Entbehrungen, in denen ich vor lauter Erschöpfung manchmal nicht mehr konnte, entschloss ich mich daher zurückzukehren und mich der Herausforderungen zu stellen, die das Leben dort an mich stellte. Zurück in die große Stadt, zwar auch zu den Menschen, die mir so übel mitgespielt hatten, aber auch endlich zu meinen Geschwistern und vor allem zu meinem Bruder Erich. Als ich dann die Landstraße in Richtung Berlin entlang trottete, wurden meine Schritte immer beschwingter, und ich war mir sicher, dass ich das Richtige tat. Ein noch immer abgerissener, wie ein Dalleskrämer aussehender 16-Jähriger erreichte am Abend frohen Mutes Berlin und klopfte an der Tür seines Vaters an. Tatsächlich schien der sich nach der ersten Überraschung sogar ein kleines bisschen zu freuen, dass ich wieder da war. Etwas beunruhigt war er anscheinend doch gewesen. Meine Stiefmutter hingegen würdigte mich keines Blickes und beschwerte sich nur lautstark, dass sie jetzt noch einen Esser mehr am Tisch habe. Ansonsten gingen wir uns in der nächsten Zeit aus dem Weg. Sie musste sich wohl oder übel dem Willen meines Vaters fügen, der keinen Zwist zwischen uns mehr duldete. Und auf einmal schallte mir ‚Emil ist wieder da!' entgegen, und mein Bruder Erich fiel mir um den Hals. Die Wiedersehensfreude war groß, und ich war frohen Mutes, dass jetzt endlich alles gut werden würde. Und am nächsten Tag wollte ich mir eine Arbeit suchen ... In den folgenden zwei Jahren war ich dann in Berlin hier und da einige Monate lang als Gelegenheitsarbeiter in Fabriken beschäftigt; bis ich 1905 ... sei es durch Zufall, sei es durch Schicksalsfügung ... einen Schlosser kennenlernte, der auf dem Gebiete des Einbruchdiebstahls bereits praktische Erfahrungen gesammelt hatte. Diesem verband ich mich nun zu löblichem Tun und erreichte dadurch, dass ich in ungeahnt kurzer Zeit hinter Schloss und Riegel saß."

Soweit die Schilderungen des Emil Strauß über seinen unaufhaltsamen Weg in das Verbrechen. Er ist nie wieder einer geregelten Arbeit nachgegangen. Eine langjährige Freiheitsstrafe folgte der anderen, von 15 Jahren verbrachte er beinahe 14 in Gefängnis und Zuchthaus, ausschließlich in strengster Einzelhaft. Gebrochen hat ihn das nicht. Nach seiner Verurteilung bildete er sich im Eigenstudium weiter, lernte mehrere Sprachen und befasste sich mit technischen Erfindungen. „Geben Sie uns Raum zur Buße! Geben Sie uns Gelegenheit zu sühnen, was wir verschuldet haben!“, hatte er vor Gericht eindringlich gefordert und damit nicht ein Dasein hinter Kerkermauern gemeint, sondern ein durch die Gesellschaft gestütztes Leben freier ehrlicher Arbeit zum Wohle der durch die Brüder Strauß Geschädigten und ihrer Familien. Und zum Wohle der Allgemeinheit. Dieser Wunsch blieb ihm versagt. Was letzten Endes wirklich mit ihm geschah, wie seine letzten Lebensstunden ausgesehen haben, wissen wir nicht. Gut möglich, dass sie denen der Gebrüder Saß ähnelten. Franz und Erich Saß, ihres Zeichens legendäre Berliner Einbrecher und gewiefte Geldschrankknacker, wurden ebenfalls Opfer des nationalsozialistischen Regimes, so wie auch Karl Friedrich Bernotat, ein weiterer legendärer „Gentleman-Einbrecher“. „Auf der Flucht erschossen“, hieß es über die Saß-Brüder, nachdem man sie 1940 wegen gemeingefährlichen schweren Diebstahls und Devisenvergehen zu mehrjährigen Zuchthausstrafen, Geldstrafen und anschließender Sicherheitsverwahrung verurteilt hatte, während ein Berliner Ringbruder wie „Muskel-Adolf“ im Konzentrationslager endete. Die Brüder Saß wurden von der Gestapo aus dem Zuchthaus Brandenburg zur Verlegung in ein anderes Zuchthaus abgeholt. Dort sind sie nie angekommen.

MERKWÜRDIGE MISCHPOKE

HELENE SPANIER, LUDWIG LEWY UND MATROSEN-WILLI: VERBRECHER-ZWECKGEMEINSCHAFT

Nun ist der Zeitpunkt gekommen, an dem die geneigten Leser Nerven bewahren müssen. Vorbei ist es mit freundlichen Fassadenkletterern und reuigen Dieben, die sich zumindest noch einen Funken Anstand und Menschlichkeit bewahrt haben. Vorbei auch mit Diebinnen, die aus Versehen einen Menschen töteten, ohne Absicht, ohne Mordlust. Denn jetzt ist es an der Zeit, den ersten mehr oder weniger geplanten Mord zu schildern, der nun an dieser Stelle geschehen wird – zum Glück nur auf dem Papier.

Am 3. Juni 1920 wird um neun Uhr morgens der 48jährige Teppichhändler Alfred Neißer in seiner Wohnung in der Steglitzstraße 34, die heute Pohlstraße heißt, tot aufgefunden. Die Zimmer sind verwüstet, alles ist durchwühlt worden, es muss einen heftigen Kampf gegeben haben. Anschließend haben die Täter den Mann erwürgt. Im Haus herrscht Totenstille, als die Kriminalpolizei ihre Ermittlungen aufnimmt. Es waren mehrere Täter, so viel steht schnell fest, und es ist ihnen gelungen, mit Schmuck, Bargeld und drei sehr wertvollen Teppichen zu entkommen. Eine kriminelle Bande scheint am Werk gewesen zu sein. Doch dass Neißer selbst auch nicht ganz koscher war, zeigt sich bald anhand einiger

Zeugenaussagen. Im Haus haben alle längst geahnt, dass sich der angeblich ehrbare Kaufmann seit der Kriegszeit hauptsächlich als Hehler seinen Lebensunterhalt verdiente, da lebte man mitunter gefährlich, vor allem im Moloch Berlin. Des Öfteren sah man merkwürdige Gestalten bei ihm ein- und ausgehen, und Neisser selbst war zu äußerst ungewöhnlichen Zeiten unterwegs. Keiner der Nachbarn wusste jedoch, auf welchen Pfaden genau er wandelte, dass sie eher nicht ehrenhaft waren, konnten sie sich jedoch denken.

Das Mordopfer stammte ursprünglich aus Krakau, wo es am 16. Mai 1872 als Sohn des jüdischen Kaufmanns Paul Neißer und dessen Ehefrau Julie geb. Weißstein zur Welt gekommen war. Der Mann lebte alleine in Berlin, von seiner Ehefrau hatte er sich scheiden lassen. Die Presse reagiert schnell, der Name Neißer lässt sie aufhorchen. Sie durchleuchtet das familiäre Umfeld des Ermordeten und wird bald fündig: Unter seinen Verwandten gibt es tatsächlich einen Prominenten. Der Teppichhändler, dessen Bruder Dr. phil. Justin Adolf Neißer als Studienrat am Berliner Friedrichs-Realgymnasium arbeitet, gehört einer weit verzweigten Familie an, die nicht nur den Hehler hervorgebracht hat, sondern auch einige renommierte Wissenschaftler. Der Bekannteste aus dieser Familie war der Breslauer Dermatologe und Bakteriologe Albert Neißer (1855–1916), der unter anderem den Erreger der Gonorrhö entdeckt hatte. Doch mitunter arbeitet die Presse nicht immer ganz korrekt und vermeldet an mehreren Stellen, dass Alfred und Albert Neißer Brüder seien. Tatsächlich aber war Alfred Neißers Urgroßvater David Neißer ein Halbbruder von Albert Neißers Großvater Aaron Ben Abraham Neißer.

Der erfahrene Kriminalkommissar Otto Trettin, den wir bereits im Fall des Fritz Wald kennengelernt haben und der von der Verbrecherwelt wegen seiner kriegsbedingten Armprothese nur der „Mann mit dem Eisernen Arm" genannt wird, leitet die Ermittlungen im Mordfall Neißer. In den darauffolgenden Wochen kann er mehrere dringend Tatverdächtige festnehmen, die alle zu dem Umfeld einer gewissen Helene Spanier gehören. Sie scheint auch, so vermutet der clevere Trettin, die Drahtzieherin des Mordes an Neißer gewesen zu sein. Ebenso ist sie der Kopf einer äußerst gefährlichen Verbrecherbande, die ihr kriminelles Nest in einer der zahlreichen Berliner Absteigen gebaut hat, die sich oft hinter bürgerlichen Pensionsfassaden verbargen. Seit geraumer Zeit leitete die dreiste „Dame" eines dieser Schaltzentren der dubiosen Halb- und Unterwelt in der Güntzelstraße 34. Es ist einer der vielen Orte in Berlin, wo Verbrecher unbehelligt ein- und ausgehen können, wo sie sich versteckt halten, ohne dass jemand lästige Fragen stellt oder gleich die Polizei ruft. Dort können sie neue Pläne schmieden und das Haus als Basisstation nutzen, von der aus sie zu ihren Raubzügen aufbrechen. Die Bande vereint ein wahres Sammelsurium unterschiedlicher Verbrechertypen, und das zu Beginn noch harmlose Etablissement hat sich zu einem der unzähligen Treffpunkte der Berliner Verbrecherwelt gemausert. Dort ist es heimelig, man ist unter sich, und die Pensionsinhaberin Helene Spanier ist so freundlich, ihre dubiosen „Gäste" nicht ordnungsgemäß bei der Einwohnermeldebehörde an- und abzumelden.

Es war und ist wenig, was man heute von Helene Spanier weiß, gewiefte Verbrecherinnen wie sie verstehen es nur zu gut, ihre Spuren zu verwischen. Geboren 1888 in Dirschau im ehemaligen westpreußischen Kreis Marienwerder als uneheliche Tochter von Maria Rowalski, soll es in ihrer Familie eine Disposition zu einer nicht näher spezifizierten Nervenkrankheit gegeben haben, die häufig vorgekommen sei. Bei den Verhören durch die Kriminalpolizei und vor Gericht zeigte sie sich meist völlig uneinsichtig, auch wenn man ihr nachweisen konnte, dass sie ganz offensichtlich log, was in der Regel wüste Schimpftiraden zur Folge hatte. Morphiumabhängig wie Anni Sanneck war sie jedoch nicht. Sie besuchte eine Dorfschule, die sie mit 14 Jahren verließ, und führte anschließend ihrem Bruder den Haushalt. Zu einem unbekannten Zeitpunkt zog sie nach Westfalen, wo sie in Wanne, dem heutigen Wanne-Eickel, den Hochstapler Julius Spanier aus Lemgo kennenlernte und ehelichte. Die beiden betrieben dort ein Warenhaus, bis Julius Spanier sie schnöde im Stich ließ, seine Frau verließ, alle Wertsachen und Bargeld mitnahm, und sich bei Nacht und Nebel auf den langen Weg nach Amerika machte. Am 2. Februar 1908 trat er auf der *MS Lusitania* die Reise von Liverpool nach New York an. Zehn Jahre lang hörte Helene nichts von ihrem Mann. In dieser Zeit lebte dieser vor allem von Betrügereien, unter anderem war er in Paris aktiv, wo man ihn wegen Unterschlagung von Waren verhaftete. Er kehrte schließlich nach Deutschland zurück und erzählte seiner Frau, die mittlerweile in Berlin lebte, dass er in Amerika viel Geld verdient und sogar einen Doktortitel erworben habe und sich nun in Berlin ein Sanatorium und ein Grundstück kaufen wolle. Außerdem sei er in Amerika adoptiert worden und heiße nun „Dr. Steinsallet" – das war natürlich ein falscher Name von vielen. Helene Spanier, die in der Zwischenzeit in Sachen Kriminalität auch nicht untätig gewesen war und 13 Monate wegen Kriegswirtschaftsvergehen in Untersuchungshaft gesessen hatte, erkannte die große Chance, endlich wieder viel Geld zu ergaunern. Sie versöhnte sich mit ihrem Mann, eine neue Zweckgemeinschaft entstand. Dass das Ehepaar Spanier irgendwann auf den Pfad der Tugend zurückgekehrt ist, ist eher unwahrscheinlich. Irgendwann verliert sich ihre Spur, und beide verschwinden vom Radar. Helene Spanier sollte jedoch in die kriminalistischen Annalen als „Verbrecherin, wie es in Berlin keine zweite gibt" oder auch als „die Frau, die Verbrechen organisiert" eingehen, wie sie damals gerne und häufig von den einschlägigen Berliner Tageszeitungen tituliert wurde.

11. Mai 1922. Zwei Jahre nach dem Neißer-Mord beginnt in Berlin unter größtem Publikumsandrang der Prozess. Die sehr rührigen Verbrecher, die es immer wieder geschafft haben, sich der Verhaftung zu entziehen, werden dafür sorgen, dass er sich sehr lange hinziehen wird. Nun sitzen drei Kriminelle auf der Anklagebank. Helene Spanier wirkt regungslos und würdigt

ihre Ex-Komplizen keines Blickes. Neben ihr verharren völlig ungerührt der Drogist Gustav Passarge und der Mechaniker Harry Selzer. Keiner der drei strahlt Reue aus. Insgesamt hat das Schwurgericht des Berliner Landgerichts II 60 Zeugen zu diesem Mordprozess geladen, in dem die dringend Tatverdächtigen Rede und Antwort stehen müssen, und möglichst aufgeklärt werden soll, wer von den Verbrechern nun eigentlich den bedauernswerten Teppichhändler ermordet hat.

In der Riege der Zeugen befindet sich auch eine Hellseherin. Ihr war Kommissar Trettin zunächst sehr skeptisch entgegengetreten. Doch der verstärkte Esoteriktrend der 1920er-Jahre trieb seltsame Blüten und machte auch vor den Beamten des Polizeipräsidiums nicht halt. Später sollte diesem Treiben aber rigoros ein Ende gemacht werden. Kriminalistische Methoden müssten stets das Resultat einwandfreier Wissenschaft sein, forderte der Vize-Polizeipräsident von Berlin, Dr. Bernhard Weiß, streng. Regierungsrat Dr. Hegemann aus der Abteilung IV des Berliner Polizeipräsidiums war zu diesem Zeitpunkt schon länger damit beschäftigt gewesen, Fälle, an denen Hellseher beteiligt gewesen waren, zu sammeln und auf ihre Richtigkeit zu überprüfen. Am 23. Juli 1921 hatte er irritiert an die Heidelberger Staatsanwaltschaft geschrieben. Diese hatte nämlich im Fall zweier ermordeter Bürgermeister in der Umgebung der Stadt Experimente mit einem Medium angestellt, das angeblich bereits vor Aufklärung der Tat den Mörder präsentieren konnte.

Im Gerichtssaal wird es schließlich turbulent. Gespannt rutschen die Besucher und Prozessbeobachter sowie die anwesenden Journalisten auf ihren Sitzen herum. Matrosen-Willi, wie Passarge von seinen Kumpanen nur genannt wird, beschuldigt Helene Spanier, die treibende Kraft bei der Tötung des Teppichhändlers gewesen zu sein. Er war auf eine Finte Trettins hereingefallen, der nämlich behauptet hatte, dass Helene Spanier Matrosen-Willi verraten habe. Und vorbei ist es mit der Harmonie. Ein Wort gibt das andere. Tumultartige Zustände sind das Resultat, Aufschreie des Entsetzens, der Empörung. Dann will sich

Helene Spanier fast schon auf den Verräter stürzen, kann aber im letzten Moment davon abgehalten werden. Die Angeklagten werden streng zur Ordnung gerufen. Das sensationsgierige Publikum ist begeistert. Die Angeklagten sammeln sich nur langsam, das Misstrauen ist übergroß, jeder passt genau auf, was er sagt. Langsam und bedächtig legen sie gedanklich jedes Wort auf die Goldwaage. Dann schildert Helene Spanier, noch leicht aufgewühlt, die Zusammenarbeit mit Matrosen-Willi. Sie habe ihm regelmäßig „Annoncen" geliefert, ein Wort aus dem reichhaltigen Repertoire der Verbrechersprache, womit ausgekundschaftete Einbruchsgelegenheiten gemeint waren. Irgendwann ist aus den „Geschäftspartnern" Spanier und Passarge ein Paar geworden. Dass Helene ziemlich dominant ist, bezeugt Matrosen-Willi vor Gericht nur zu gerne und handelt sich dafür giftige Blicke seiner ehemaligen Geliebten ein. Warum er sich gefügt habe, weiß er auch nicht mehr so genau, seufzt er, jedenfalls habe sie sehr schnell die Rolle der Chefin übernommen, während er, sozusagen als „Entschädigung", die Aufsicht über den „Schwedtschen Pavillon" erhalten habe. Auch bei diesem handelte es sich um eine ehemalige gutbürgerliche Pension, die man zweckentfremdet und aus der man ein weiteres dubioses Absteigequartier der Berliner Unterwelt gemacht hatte. Der Vorsitzende ahnt, dass die Sache noch lange nicht ausgestanden ist und sich der Prozess noch lange hinziehen könnte. Er weiß auch, dass der Verteidiger von Helene Spanier, Strafverteidiger Dr. Dr. Erich Frey, einen seltsamen Brief erhalten hat. In diesem anonymen Schreiben wird ein gewisser „Spaniola" bezichtigt, etwas mit dem Mord an Neißer zu tun zu haben. Auch wenn das ein wenig nebulös ist – ignorieren können die Beamten das Schreiben nicht. Wer „Spaniola" ist, wissen sowieso alle längst, weil dieser Verbrecher bei Polizei und Gericht „Stammkunde" ist.

Hinter diesem Spitznamen, den ihm seine kriminellen Kumpane verpasst haben, verbirgt sich der Kaufmann Ludwig Lewy, ein Mann mit „exotischem", „südländischen" Aussehen und „orientalischen Gesichtszügen", wie es in der Presse hieß – in Erich

Freys Memoiren mutierte er zu „Ludwig Leder". Seine jüdische Herkunft ist unschwer an seinem Nachnamen zu erkennen, der traditionsreiche Name leitet sich von den Leviten, den Tempeldienern des Jerusalemer Tempels, ab. Der Berliner Kriminelle und die Ordnungshüter sind sich bereits mehrmals begegnet, die Polizei hat sich schnell ein aussagekräftiges Urteil gebildet: „notorischer Lügner", „Psychopath". Doch vor Gericht glänzt Lewy durch Abwesenheit, sodass der Prozess vertagt werden muss. Später wird sich herausstellen, dass Lewy mit dem Neißer-Mord überhaupt nichts zu tun hatte. Er hatte sich nur selbst der Komplizenschaft bezichtigt, um seinen Aufenthalt im ungeliebten bayerischen Gefängnis in Hof zu beenden, weil ihm dort die Bewachung als „zu streng" erschien. Eines muss man ihnen lassen: Raffiniert waren sie, die Berliner Kriminellen.

30. Oktober 1922: Berlin, Rankestr. 28, Pension „Korfu". Eine Werbeanzeige im Berliner Tageblatt verspricht interessierten Reisenden ein „behagliches Heim für längere und kürzere Aufenthalte. Modernster Komfort, vorzügliche Küche". Globetrotter haben zu dieser Zeit die Qual der Wahl, aber nicht immer die Garantie, dass es sich bei der auserkorenen Unterkunft auch wirklich um ein seriöses Etablissement handelt. Einige Pensionate beherbergen eher lichtscheue Personen, die die Anonymität bevorzugen, um ungestört Straftaten zu planen. Andere sind reine Absteigequartiere für Prostituierte und deren Freier. Doch in diesem Fall können die Reisenden sicher sein, dass Frau von Below, die Inhaberin der Pension, keiner dieser zweifelhaften Kategorien angehört. Ihr Etablissement ist völlig seriös, weder Kuppelquartier noch Verbrechernest. Ein peruanischer Rechtsanwalt aus Lima ist von der Werbung, die seit Jahren regelmäßig in den einschlägigen Tageszeitungen erscheint, sehr angetan und mietet sich bei Frau von Below ein.

Kommissar Ernst Gennat, der „Buddha vom Alexanderplatz", konnte „Kieler Fritz" und „Spaniola" eindeutig identifizieren. Foto, um 1926

Im schwergewichtigen Gepäck hat der Gast Geld und Juwelen im Wert von über 50 Millionen Mark. Abreisen wird er mit leeren Händen, verzweifelt und ruiniert. Das „behagliche Heim" ist zum Albtraum geworden. Ein paar Tage nach seiner Ankunft hat eine englische Porträtmalerin, die ebenfalls in der

Pension logiert, verdächtige Gestalten auf dem Flur bemerkt. Ihr Instinkt hat sie nicht getrogen: Die merkwürdige Mischpoke hat dem glücklosen Advokaten gerade den Koffer gestohlen, in dem sich die besagten Reichtümer befanden. Geöffnet haben die Gauner die Tür mithilfe eines Nachschlüssels. Warum der Anwalt die Wertsachen überhaupt mit in die Pension genommen hat, anstatt sie an einem sicheren Ort wie zum Beispiel einem Bankschließfach aufzubewahren, bleibt sein Geheimnis. Aus dem Gedächtnis kann die Zeugin Zeichnungen der beiden Hauptverdächtigen anfertigen. Das Ergebnis sind die finsteren Konterfeis des Schlossers Friedrich Baumgärtner, genannt „Kieler Fritz", und seines Kumpanen Ludwig Lewy alias „Spaniola". Beide Delinquenten sind unter diesen Spitznamen in Berliner Verbrecherkreisen bestens bekannt, ihre wirklichen Namen kennen nur enge Freunde. Nicht immer sind diese Spitznamen schmeichelhaft, vor allem dann nicht, wenn sie besondere äußere Merkmale hervorheben, wie zum Beispiel „Säbelbein" oder „Bohnenstange". Auch „Spaniola" bezieht sich eben auf reine Äußerlichkeiten. Beim „Kieler Fritz" ist die Deutung schwieriger. Er könnte dort geboren worden sein oder aber in Kiel einen spektakulären Einbruch verübt haben, für den man ihn in Berlin besonders bewunderte. In der Unterwelt, versteht sich. Aufgrund der präzisen Skizzen können beide Täter von Kriminalkommissar Ernst Gennat zügig und zweifelsfrei identifiziert werden. Der Kriminalpolizei gelingt bald die Verhaftung des „Kieler Fritz", der die Tat auch gesteht, doch „Spaniola" ist flüchtig. Der Platz an seinem Stammtisch im Kaiser-Kaffee in der Friedrichstraße, wo er das Sagen hat und einen lukrativen Handel mit gestohlenen Brillanten betreibt, wird für längere Zeit, wenn nicht für immer, leer bleiben.

Januar 1923. Die Gerichtsverhandlung in Sachen Neißer wird fortgesetzt. Und wieder wird alles über den Haufen geworfen, was zuvor mangels Kooperation der Angeklagten vor Gericht mühsam festgestellt worden war. Diesmal präsentiert Matrosen-Willi eine neue Version dessen, was genau damals in der

Tatnacht geschehen ist. Dann gesteht er schließlich, dass er Neißer bewusstlos geschlagen, ihn aber nicht erwürgt habe, somit müsse der wahre Täter nach ihm in das Haus gekommen sein. Ein Raunen durchfährt das Publikum, der Richter stutzt für einen kurzen Moment. Glaubwürdig erscheint das den Wenigsten. So kann es nicht ewig weitergehen, der Prozess muss ein Ende finden. Und so beraten die Geschworenen stundenlang und kommen schließlich entnervt zu dem Ergebnis, dass trotz dieser Aussage die drei Angeklagten gemeinschaftlich für den Tod Neißers verantwortlich waren. Sie werden der Körperverletzung mit Todesfolge schuldig gesprochen. Matrosen-Willi wird zu fünf Jahren Zuchthaus verurteilt, er stirbt nur 14 Tage später an Tuberkulose. Harry Selzer sitzt fünf Jahre hinter Gittern, Helene Spanier erhält eine Gefängnisstrafe von drei Jahren. Im Rahmen des langwierigen Prozesses hatte sie sich auf gerichtliche Anordnung hin einer medizinischen Untersuchung unterziehen müssen, der ihren Geisteszustand überprüfen sollte. Der Geheime Medizinalrat Hoffmann diagnostizierte sie dabei als „schwernervöse neurasthenisch-hysterische Person", bei der – hier begegnen wir ihm schon wieder – § 51 Reichsstrafgesetzbuch nicht zur Anwendung kommen könne.

1. Februar 1923, Berliner Landgericht III: erster Verhandlungstag im Prozess gegen die Millionenräuber aus der Pension Korfu. Ludwig Lewy ist noch immer flüchtig, längst hat er sich ins Ausland abgesetzt. Das Gericht hat deshalb keine andere Wahl, als die Verfahren zu trennen und lediglich gegen Friedrich Baumgärtner zu verhandeln. Der wird schließlich zu einer sehr milden Strafe von einem Jahr unter Anrechnung der Zeit der Untersuchungshaft verurteilt, weil er, so die Meinung des Gerichts, völlig unter dem Einfluss des ihm geistig weit überlegenen „Spaniola" gestanden habe.

Tatsächlich verbarg sich hinter dem beschwingt südländischen Spitznamen „Spaniola" einer der gefährlichsten Einbrecher und Hochstapler der frühen Weimarer Republik, der seine kriminelle Karriere bereits im jungen Alter von 16 Jahren begonnen hatte. Der steckbrieflich gesuchte Ludwig Lewy wurde am 24. März 1902 in der Berliner Wörther Straße 23 als Sohn des Geschäftsreisenden Philipp (Feibusch) Lewy und dessen Ehefrau Jenny geb. Abraham geboren. Die Familie zog oft um. Ludwig besuchte bis zur Sekunda ein Berliner Gymnasium, verließ es aber vorzeitig, um sich seiner wohl bewusst selbst gewählten kriminellen Karriere zu widmen. Er legte sich einen ausländischen Akzent zu und trieb unter falschen Namen mit fremden Pässen sein Unwesen als berüchtigter Hotel- und Pensionseinbrecher. Oder aber er knüpfte Bekanntschaften zu reichen Witwen in einschlägigen Hotels, bei denen er sich unter anderem gerne als spanischer Botschaftskurier ausgab. In dieser Funktion verschob er Unmengen von Geld ins Ausland und hatte so ein äußerst erträgliches „Einkommen“, das ihm ein Leben im Luxus ermöglichte. Hier war also ebenfalls wieder ein Hochstapler am Werk, der jedoch eine Besonderheit aufwies: Lewy besaß eine große kriminelle Energie, die ihn im Ernstfall dazu veranlassen würde, Gewalt mit Gewalt zu erwidern, wie er Bekannten gegenüber äußerte. Die Triebfeder dieses ungewöhnlich gewaltbereiten Hochstaplers war die Gier nach Geld und Besitztümern, mit denen er sich ein angenehmes und schönes Leben gestalten wollte. Ohne Sorgen, ohne Verantwortung für andere, eine Arbeit nur auf eigene Rechnung. Dabei hatte seine kriminelle Energie schnell eine Eigendynamik entwickelt, die wie eine Lawine oder auch wie ein Krankheitsvirus nicht aufzuhalten war. Lewy wechselte ebenfalls häufig seinen „Wirkungskreis“ und lebte unter anderem in Köln, Aachen, Wiesbaden und Davos. Doch trotz aller vermeintlicher Raffinesse wurde er in mehreren Städten wegen Betrug und Diebstahl abgeurteilt, kam aber infolge einer Lungenblutung wegen Haftunfähigkeit frei. Läuterung war dabei natürlich nicht entstanden, und wie immer wurden eventuelle moralische Bedenken bezüglich der Taten durch die starke Triebfeder „Gier“ sukzessive zurückgedrängt, bis sie sich schließlich ganz in Luft auflösten. Der Verbrecher konnte sich nicht mehr aus seiner Rolle befreien, und in den meisten Fällen wollte er das auch gar nicht mehr. Auch für Lewy galt der Grundsatz „mehr Schein als Sein", und auch er wäre eigentlich der geborene Schauspieler gewesen. Vor allem aber konnte und wollte er nicht mehr auf das Leben im Reichtum, das Dasein als „Gentleman" verzichten. Und schon gar nicht auf die bewundernden Blicke der Damenwelt, die ihm sehnsüchtig hinterherblickten, wenn er, eitel wie ein Dandy, in seinem herrlichen Mercedes den Kurfürstendamm entlangfuhr. Die Abhängigkeit von materiellen Werten führte dazu, dass er nach jeder Haftentlassung sofort wieder Hotel- und Pensionseinbrüche beging, was den typischen Suchtcharakter aufzeigte, der bei diesen Delinquenten den Verstand aussetzen ließ. Aufgrund seiner hohen, aber leider in falsche Bahnen geleiteten Intelligenz war er schnell zum Kopf einer ganzen Bande geworden, die sich darauf spezialisiert hatte, Ausländer in Pensionen und Hotels zu berauben. Wie zum Beispiel in einer Pension in der Uhlandstraße, in der die Bande einen Dolmetscher um Brillanten, Pelze, Koffer und Kleidung erleichterte. Tatsächlich wurde Lewy von mehreren Kriminalbeamten als „geisteskrank" bezeichnet, wenn auch nur verallgemeinernd und stereotyp, weil nie spezifiziert wurde, um welche psychische Erkrankung es sich eigentlich handelte. Natürlich hatte es sich in der Berliner Verbrecherwelt auch schnell herumgesprochen, dass der altbekannte § 51 einem mitunter sehr schnell den Weg in die Freiheit ebnen konnte.

26. Mai 1923, Berliner Landgericht III. Ludwig Lewy sitzt auf der Anklagebank und blickt starr geradeaus. Fast regungslos sitzt der Mann vor den Richtern und antwortet im Schneckentempo auf die Fragen, die ihm gestellt werden. Dann wiederum bricht er unvermittelt in unkontrollierte Hasstiraden aus, hat nervöse Zuckungen und reißt die Arme mit lautem Geschrei in die Luft. Lewy spielt einen Psychopathen, der selbst keine Kontrolle über seinen Willen hat. Doch der schauspielerische Auftritt ist mangels Talents nicht von Erfolg gekrönt. Der erhoffte schnelle und direkte Weg in die Freiheit bleibt

ihm versagt. Zwei Jahre Zuchthaus plus fünf Jahre Ehrverlust ist das Ergebnis, die Showeinlage vor Gericht war umsonst. Zu diesem Zeitpunkt hatte Lewy zehn Vorstrafen. Da öfters nach ihm gefahndet wurde, muss seine Familie gewusst haben, wie er seinen Lebensunterhalt bestritt, zumal sein Vater Philipp, ein Kaufmann, nach dem Ersten Weltkrieg in finanzielle Schwierigkeiten geraten war und sich seitdem auch als Hehler betätigte. Nach dem Neißer-Mord hatte sich Lewy schnell in die Tschechoslowakei abgesetzt, wo er unter anderem Schleichhandel betrieb. Lewys Familie wahrte jedoch weiterhin den bürgerlichen Schein einer ehrbaren Familie. Als Lewys Mutter starb, veröffentlichte die Familie eine Todesanzeige auch mit dem Namen ihres kriminellen Mitglieds. Der Familiensinn war stärker als die Schmach über den Sohn, dessen weiteres Schicksal sich im Nebel der Vergangenheit verliert. Niemand weiß heute mehr, was aus dem Mann wurde, der damals mit der literarischen Figur des Räuberhauptmanns Rinaldo Rinaldini verglichen wurde. Doch dieser Vergleich hinkt: Rinaldini war eine fiktive Person, die wohlhabende Schurken bekämpfte und die Armen beschützte. Ludwig Lewy hingegen nutzte seine Beute ganz egoistisch, wie Hochstapler es grundsätzlich sind, ausschließlich für sein eigenes, ganz persönliches Wohl. Als eleganter, gut gekleideter junger Mann, der in Berlin in einschlägigen Luxushotels Cocktails schlürfte, andernorts lebenslustig das Tanzbein schwang und kräftig mit der Damenwelt flirtete, waren ihm die verzweifelten Armen der Stadt völlig egal. Er verschwendete keinerlei Gedanken an sie. Und wenn Hochstapler behaupten, dass sie als eine Art „Robin Hood" unterwegs gewesen seien, so ist auch das, wie fast alles, was sie sagen, im Reich der Legenden zu verorten. Der Held von Sherwood Forest würde sich im Grabe umdrehen, wenn er wüsste, mit wem man ihn heutzutage so alles vergleicht. Man kann ihm zwar viel vorwerfen, aber Frauen hat er, so die Legende, immer zuvorkommend behandelt. Der nächste Delinquent in diesem Buch eigentlich auch. Bis zu jenem fatalen Abend, an dem alles anders wurde.

DIE POLIZEI, DEIN FREUND UND MÖRDER

BRUNO GERTH: WACHTMEISTER MIT WÜRGEGRIFF

16. Dezember 1924, Berliner Landgericht II in der Turmstraße. Es ist ein kalter und nebliger Dienstagvormittag, als Bruno Gerth sich am ersten Verhandlungstag vor den Richtern des Schwurgerichts wegen der Tötung zweier Frauen verantworten muss. Tumultartige Szenen spielen sich ab, das Publikum, das Einlass begehrt, gebärdet sich nach Augenzeugenberichten „wie rasend". „Hängt ihn auf!", schreien einige wütend, andere drohen dem Täter mit der Faust. Die meisten würden ihn lynchen, wenn sie könnten. Die wütende Menge lässt sich kaum bändigen, und schließlich muss der Gerichtssaal ab- und die rasende Meute wegen „Gefährdung der Sittlichkeit" ausgesperrt werden. Alle sind gekommen, um ihn zu sehen: die Bestie in Menschengestalt, den „Werwolf", wie der Kriminalschriftsteller Hans Hyan einmal den klassischen „Lustmörder" betitelt hatte. Den Mann, der die 40-jährige Witwe Else Hoffmann geborene Hämmerle und deren Mutter, die 63-jährige Emma Trautmann geborene Nacke, in der Nacht vom 23. auf den 24. Februar 1924 in deren Wohnung in der Schleiermacherstraße 15 auf bestialische Weise umbrachte. Zwei Frauen, die er erst am Abend zuvor kennengelernt hatte.

Es geschah nach einem eigentlich harmlosen Kneipenbesuch, bei dem er den Frauen begegnet war. Alles, was er in dieser Nacht eigentlich wollte, war, nach dem Besuch bei seiner Freundin, mit der er sich gestritten hatte, noch in Ruhe ein Glas Bier zu trinken. Und anschließend zurückzukehren in die Kaserne in der Friesenstraße 16, wo unverheiratete Polizeiwachtmeister wie er wohnen mussten. Sich auszuruhen, um am nächsten Tag frisch und munter zu sein. Das war der Plan. Doch dann waren da diese vulgären Frauen in der Destille mit dem Namen „§ 11“ in der Schleiermacherstraße, die sich sofort auf ihn gestürzt hatten. Schreckliche Weiber, schlecht gekleidet, umnebelt von billigem Parfüm, er fand sie abstoßend. Sie waren ihm gleich unangenehm aufgefallen, die beiden lasterhaften Hyänen, weil sie ein schamloses Benehmen an den Tag legten. Stets hatten sie ein Glas Bier in der Hand und animierten die männlichen Gäste zum Trinken. Lange hatte er an der Tür zum Schankraum gestanden und das bunte Treiben beobachtet. Die ältere der beiden hatte ihn zum Tanz aufgefordert, und als er das ablehnte, gleich geschrien: „Darauf müssen wir wenigstens eins trinken!“ Er weiß nicht, warum er dann für sich und die zwei Frauen Bier und Likör bestellt und auch noch bezahlt hat. Warum er die Destille später mit ihnen verlassen hat und, als die ältere der beiden, die Witwe Trautmann, unbedingt Zigaretten haben wollte, mit ihnen erneut irgendwo eingekehrt ist. Er merkt selbst schon seit Längerem, dass auf sein Erinnerungsvermögen kein Verlass mehr ist, schon gar nicht, wenn er Alkohol getrunken hat. Es reichen schon wenige Gläser, dass es ihm vorkommt, als würde sich sein Körper selbstständig machen und nicht mehr das tun, was ihm sein Verstand sagt, der ihn in diesen Momenten im Stich lässt. Er hatte keinen Grund zu töten, wird er immer wieder vor Gericht beteuern. Das war nicht mehr er selbst gewesen. Aber wer oder was war er? Die willenlose Hülle eines Menschen, der mit den beiden Frauen in deren Wohnung gegangen war? Im Hausflur ist die Trautmann völlig betrunken umgefallen. Er hat ihr noch auf die Beine geholfen, sie dann in der Wohnung ins Schlafzimmer getragen. Doch plötzlich sitzt die Hoffmann in der Küche auf seinem Schoß. Die Prostituierte wird zudringlich, will Geld von ihm und ihn in ihr Bett zerren. Sie widert ihn an, eigentlich will er gehen, sich nicht mit diesen verkommenen Subjekten abgeben. Doch sie hält ihn zurück, verschließt die Haustür, fordert frech sein Dableiben, während sein Widerstand langsam bricht. Das ist der Moment, in dem alles anders wird, in dem der Schalter in ihm umgelegt wird und die Stimmung kippt. Der Mensch rast vor Wut, es kommt erst zur Rangelei, dann zum Kampf, den die Frau nicht gewinnen kann. Sie wird zu Boden gerungen, er würgt sie, fest, immer fester, bis es auf einmal ganz still ist. Die Frau ist tot. Das macht ihn noch wütender, und wie besinnungslos sticht er mit einem Küchenmesser auf den leblosen Körper ein, immer und immer wieder, schlägt dann mit dem Beil, das in einer Ecke liegt, auf ihren Kopf, beißt sie und versucht zum Schluss auch noch, den leblosen Körper zu schänden, was ihm wegen seiner Impotenz nicht gelingt. „Nun bin ich der Stärkere! Jetzt bin ich Herr!", sei es ihm während der Tat blitzartig durch den umnebelten Kopf gegangen, „eine maßlose Wut" sei über ihn gekommen. In seinem Wahn glaubt er auch noch zu sehen, dass die Leiche sich bewegt und auf ihn zukommt. In Panik schnürt er der Toten daher den Hals mit einer Drahtschlinge zu, um so seine ganz eigenen Dämonen zu besiegen. Den Preis dafür zahlen zwei unschuldige Menschen.

Nach dieser schrecklichen Bluttat geht Gerth in die Stube der Mutter, der einzigen Zeugin, die ihn später erkennen könnte. Er reißt die Betrunkene aus dem Bett und schlägt sie mit dem Beil nieder. Versucht dann, auch diesen wehrlosen Körper zu missbrauchen, was ihm erneut misslingt. Die Welt steht still. Totenstille herrscht in der Wohnung. Draußen in der dunklen Nacht hat es angefangen zu schneien. In der Ferne hört man Betrunkene grölen. Der Mörder verharrt stumm und stumpf neben der Leiche, wie lange, kann er später nicht sagen. Dann nimmt er der Toten die goldene Uhr ab, schließt die Haustüre wieder auf und irrt durch die Straßen, bevor er im Morgengrauen in die Kaserne zurückkehrt.

Als am Vormittag die Leichen entdeckt werden, nimmt die Kriminalpolizei zügig die Ermittlungen auf. Diesmal hat sie leichtes Spiel. Alle im Haus wissen, wo die beiden Frauen in der Regel anzutreffen waren, und mehrere Zeugen haben gesehen, wie sie die Kneipe mit einem Mann, der eine Schutzpolizeiuniform trug, verlassen haben. Schnell kann der Tatverdächtige durch detaillierte Personenbeschreibungen ermittelt werden.

Bruno Gerth sitzt vor den Kriminalbeamten. Sein mentaler Zustand ist konfus, er weiß, dass das Spiel aus ist und will sogleich ein Geständnis ablegen, aber doch nicht in Uniform! Als er sie ablegen will, fällt die goldene Uhr heraus, die Trophäe, die nur ihm allein in seiner eigenen, verschrobenen Welt beweist, dass er endlich über das weibliche Geschlecht, das ihn so oft verlacht hat, gesiegt hat. Bruno Gerth hat aufgehört, Mensch zu sein, aber er muss trotzdem weiterleben. Mit der Schuld, mit seiner psychischen Krankheit, mit seiner unendlichen Reue, mit dem Ekel vor sich selbst. Mit dem nie enden wollenden Unmut über seine Impotenz, seine mangelnde Liebesfähigkeit und besondere sexuelle Reizbarkeit. Er wird nie mehr ein normales Leben führen.

Dann sitzt der schmächtige Mann, dem der kollektive Hass gilt, vor den Richtern. Er ist 27 Jahre alt und gut gekleidet, seine Aussagen macht er ruhig und in gleichmütigem Ton. Verteidigt wird er von Rechtsanwalt Dr. Dr. Erich Frey, für den dieser Prozess zur Nervenprobe werden wird, was er in diesem Moment noch nicht ahnt. Zunächst geht die Verhandlung gesittet vonstatten, nachdem man die randalierenden Besucher des Saales verwiesen hat.

Tatsächlich ist Gerth einer der ungewöhnlichsten Täter, die die Zeit je gesehen hat. Er verunsichert die Menschen, nimmt ihnen den Glauben an das Gute im Menschen und vor allem im Polizisten. Das ist zutiefst verstörend in diesem Jahrzehnt, das in den Anfangsjahren von Krisen aller Art, wie zum Beispiel politischen Morden, geprägt wurde, und in dem man dringend eine Konstante im Leben brauchte, die einem ein Gefühl der Sicherheit gab. Brach das weg, konnte man eigentlich niemandem mehr trauen. Und alle im Publikum wollen wissen, was für ein

Mensch zu einer solch rohen und brutalen Tat fähig sein kann. Es ist nicht die eigentliche Tat selbst, was die Menge zum Rasen bringt, sondern vor allem die Tatsache, dass dieser Bruno Gerth zu ihrem Schutz da sein sollte. Bruno Gerth darf nicht roh sein und schon gar nicht brutal. Denn Bruno Gerth ist als Polizeiwachtmeister doch das Gesetz. Der Hass auf ihn muss grenzenlos gewesen sein. Auf einen Menschen, der in seinem Berufsleben ein einwandfreies Betragen an den Tag legte. Der bei seinen Kollegen von der Schutzpolizei äußerst beliebt war, der sehr an seiner Mutter hing. Doch die Berufswahl des Polizisten war nicht ganz freiwillig und eher den Zeitumständen geschuldet gewesen.

Bruno Gerth wird am 18. August 1897 in Bromberg als unehelicher Sohn der Maria Gerth geboren, die den Kindsvater Wilhelm Schramm, der in der Stadt eine Schuhmacherwerkstatt besitzt, nur kurze Zeit später heiratet. Wilhelm erkennt die Vaterschaft an, das Paar wird insgesamt zwölf Kinder bekommen, von denen fünf in jungen Jahren versterben. Mit seinen Geschwistern und der Mutter versteht sich Bruno gut. Der Vater hingegen, ein schwerer Trinker, ist unberechenbar. Der Bruder der Mutter nimmt sich nach einem epileptischen Anfall das Leben. Das sehr stille Kind Bruno fällt anderen Menschen vor allem durch seine gedrückte Stimmung auf, zudem wird es durch schlimme Albträume geplagt, in denen es zum Beispiel ständig von einem großen Augenpaar verfolgt und angestarrt wird. Als Bruno sechs Jahre alt ist, zieht die Familie nach Berlin. Im Alter von zehn Jahren stürzt Bruno beim Rutschen auf einem Treppengeländer ab und prallt mit dem Kopf auf, ist leicht benommen, hat Kopfschmerzen und Nasenbluten, seitdem leidet er unter einem immer wiederkehrenden Kopfschmerz. Hat der Unfall womöglich eine Schädigung des Gehirns verursacht? Und dadurch die Fähigkeit, einem Affektimpuls zu widerstehen, reduziert? Bis zum Alter von 16 Jahren ist er Bettnässer. In seinem Umfeld macht man sich darüber jedoch keine Gedanken und kommt schon gar nicht auf die Idee, mit dem Heranwachsenden zu einem Psychologen zu gehen.

In Berlin arbeitet der Vater als Bauarbeiter. Unter Alkoholeinfluss wird er jähzornig, zu einem völlig anderen Menschen, der vor allem seiner Ehefrau das Leben zur Hölle macht. Die ständigen Streitigkeiten sowie der tägliche Kampf ums Überleben fordern ihren Tribut. Mehrmals äußert die Mutter Selbstmordgedanken, will sich und ihre Kinder in einem erweiterten Suizid umbringen, indem sie alle mit Gas vergiftet. Voller Angst versteckt Bruno regelmäßig den Schlüssel zum Gasometer. Eines Tages ist der Streit der Eltern wieder einmal besonders heftig. Gesenkten Hauptes verlässt die Mutter die Küche und versucht, sich an der Klosetttür aufzuhängen. Rasch hängt der Vater sie ab, die Mutter überlebt, doch dieser furchtbare Anblick wird Bruno noch jahrelang in seinen Träumen verfolgen. Das Leid der Mutter ist auch zu seinem Leid geworden. Schließlich wird ihm sein sehnlichster Wunsch, Drogist zu werden, verwehrt. Der Vater zwingt ihn, Hausdiener in einer Drogerie in der Landshuter Straße 14 zu werden. Aus Bruno wird ein Mann, der sich zunehmend in seinem Unglück verliert, vor allem, weil er wegen seiner Impotenz keine normale Beziehung mit einer Frau führen kann. 1916 wird er Soldat, ist stationiert im Infanterie-Regiment Nr. 44 im ostpreußischen Goldap. Wieder kommt es für den jungen Mann zu traumatischen Erlebnissen, die er nie wird vergessen können: Bei einer Quartiersuche stößt er im dunklen Korridor des Hauses auf Leichen einiger auf grausamste Art getöteter Kameraden, Sanitätssoldaten, die dort Verwundete versorgt hatten. Gerth wird in diesem Moment von einem bis dato ungekannten Grauen erfasst, er fühlt sich als der einsamste Mensch auf der Welt, die sowieso nie wieder dieselbe sein wird. Er hat den Eindruck, dass die Toten noch leben, sich bewegen, ihn starr anschauen.

Am Körper unversehrt kehrt er 1919 nach Berlin zurück, wo er unter anderem in einer Munitionsfabrik in Niederneuendorf bei Spandau Granaten entlädt. Als er merkt, dass der Vater mit einer anderen Frau ein Verhältnis angefangen hat, zieht er aus der Wohnung der Eltern aus und wohnt bei einer Witwe zur Untermiete. Wegen seiner Impotenz hält er sich für den unglücklichsten Menschen der Welt, der in seiner Verzweiflung an ein Nervensanatorium in der Schweiz schreibt, das ihm dubiose Ratschläge und noch dubiosere Pillen schickt, die ihn nicht heilen, sondern ihn nur kurzzeitig der Ohnmacht anheimgeben. Der sportliche junge Mann beschließt, sich bei der Polizei als Schutzpolizist zu bewerben. Er wird angenommen und darf am 28. Mai 1920 seinen Dienst als Unterwachtmeister antreten. Nach sechs Wochen Probezeit erhält er die ersehnte Festanstellung. Sein Leben verläuft in beruflicher Hinsicht nun erfolgreich, Gerth übt seine neue Tätigkeit gerne aus, doch in seinem Privatleben sieht es nach wie vor düster aus. Dreimal wird er sich verloben, und dreimal werden ihn die Frauen verlassen, weil er im entscheidenden Moment versagt. Er ist ratlos, weiß nicht mehr weiter, denkt sogar an Selbstmord und sucht schließlich Hilfe in der Lektüre von Spezialliteratur, hat aber nicht unbedingt ein geschicktes Händchen dafür, sich die richtigen Bücher auszusuchen. Erich Wulffens *Der Sexualverbrecher* mit zum Teil sehr drastischen Abbildungen von ermordeten Frauen ist definitiv nichts für schwache Gemüter und schon gar nicht für Männer, die sich Heilung von ihrem Sexualleiden erhoffen. Und auch die darin erwähnten Heilmittel erscheinen dem heutigen Leser bizarr, zum Beispiel die Empfehlung leichter Ätzungen der Harnröhre oder Kohlensäurebäder. Doch Wulffen geht in seinem Buch auch auf den Zusammenhang zwischen *Alkohol und Verbrechen* ein, auf das Phänomen des pathologischen Rauschzustands, der bei entsprechender Prädisposition in einer Bluttat enden kann, und dies schon nach geringen Mengen Alkohols. Er beschreibt in diesem Abschnitt exakt die Psyche Bruno Gerths, wie sie später von den Gutachtern in ihren Diagnosen aufgearbeitet werden wird: „eine schwere Trübung des Bewusstseins mit nachträglicher, oft totaler Erinnerungslosigkeit".

Dieses Buch habe er vor der Bluttat ausgiebig studiert, erzählt Gerth vor Gericht. Was er sich davon versprochen hat, bleibt offen. Und auch, warum er die Leiche der Witwe Hoffmann genauso hingelegt hat, wie es die grausige Abbildung einer ermordeten

Frau in dem Buch zeigt. Vor allem rätseln alle im Gerichtssaal darüber, wie es passieren konnte, dass ein bis dahin unauffälliger Polizist, ein eher stiller und zurückgezogen lebender Mensch, zum Mörder werden konnte. „Der Teufel muss mich in den Krallen gehabt haben, als ich das tat", ruft er verzweifelt aus und beschreibt so auch sein inneres Erleben zum Tatzeitpunkt. Sein ganzes Denken, Fühlen und Handeln kann er selbst nicht mehr steuern, die Krankheit beherrscht ihn, durchbricht die bestehenden moralischen Grundsätze und hat ihn zu dieser Gewalttat unvorstellbaren Ausmaßes getrieben.

Die Verhandlung vor dem Schwurgericht endet ohne ein eindeutiges Urteil, sodass sie nicht abgeschlossen werden kann und bis nach der Beweisaufnahme vertagt werden muss. Die Experten werden sich im Verlauf der tragischen Geschichte in zwei konträre Lager spalten, schuld an solchen Konflikten war damals zumeist der § 51. Die Gerichtsmediziner, Medizinalrat Dr. Störmer und Dr. Strassmann, halten Gerth für voll verantwortlich für seine Taten und haben sich daher in ihrem Gutachten vom 29. August 1924 geweigert, dem Angeklagten den § 51 zuzugestehen, weil in ihren Augen eine Bewusstlosigkeit im Sinne des Paragrafen für die Zeit der Tat nicht vorgelegen habe. Dr. Dr. Frey, der Verteidiger Gerths, legt daraufhin aus Gewissensbedenken sein Mandat nieder. Sein Mandant habe ihm insgesamt vier verschiedene Versionen vom Ablauf der Tatnacht präsentiert, um sich aus purer Verzweiflung letzten Endes auch selbst zu belasten. In Kombination mit dem vernichtenden Urteil Störmers und Strassmanns könnte dies unter Umständen die Todesstrafe für Gerth bedeuten, also ist es für ihn zwingend erforderlich, dass weitere Gutachten eingeholt werden. Sanitätsrat Dr. Magnus Hirschfeld, der Leiter des Instituts für Sexualwissenschaft in Berlin, wird daraufhin

Dr. Magnus Hirschfeld attestierte Gerth eingeschränkte Zurechnungsfähigkeit.

um Erstellung eines neuen Gutachtens gebeten. Nach eingehenden Untersuchungen des Kranken steht für Hirschfeld eindeutig fest, dass der Angeklagte sich zum Zeitpunkt der von ihm verübten Mordtaten in einem Zustand der Bewusstlosigkeit befunden hat, durch welche im Sinne des § 51 seine freie Willensbestimmung ausgeschlossen war. Keinesfalls stehe seine Zurechnungsfähigkeit fest. Aufgrund von erblicher Belastung leide der Delinquent an einer „psychopathischen Konstitution epileptoiden Charakters mit Alkoholintoleranz", der sogenannten Alkohol-Epilepsie. Die Tat habe er somit in einem alkoholinduzierten Dämmerzustand verübt, sodass man dem Schuldunfähigen den § 51 zugestehen müsse.

Gerth wandert zurück in seine Zelle im Untersuchungsgefängnis. Nur kurze Zeit später beantragt er dort seine Trauung und flüchtet sich in die Ehe mit seiner früheren Verlobten, mit der er sich in der Zwischenzeit versöhnt hat. Eigentlich ist das eine Verzweiflungstat, denn wie stellt sich Gerth ein Eheleben unter diesen Bedingungen vor? Doch Gerth ist fest entschlossen, sucht nach diesem einzigen Strohhalm, der ihm vielleicht noch Halt geben könnte, und stellt beim Gericht den Antrag auf Genehmigung der standesamtlichen Trauung im Gefängnis, dem auch stattgegeben wird. Bereits am 9. Februar 1925 heiratet er die geschiedene Pflegerin Katharina Karutz geb. Larisch, die er seit zwei Jahren kennt. Für ihn ist sie die einzige Frau, die ihm und seinem unglücklichen Zustand tatsächlich Verständnis und Geduld entgegenbringt. Für Ernst Gennat hingegen ist sie eine „kleine schwächliche Frau, die auf einen Mann, der in so roher Weise zwei Menschenleben hingemordet hat, keinen Einfluss haben kann", wie er später in die Kriminalakte schreibt, um so die Ablehnung eines einwöchigen Urlaubs für Gerth zu begründen. Gegenüber dem Täter nimmt er den rein kriminalistischen Standpunkt ein und lehnt daher eine psychologische Rechtfertigung im Rahmen des § 51 strikt ab: „Das Rechtsgefühl empört sich dagegen, dass Personen, die derart schwere Verbrechen verübt haben, nicht nur nicht bestraft, sondern überdies demnächst wieder in Freiheit gesetzt werden." Doch diesmal irrte Gennat. Gerth sollte nie wieder in Freiheit gelangen.

Es wird April 1925, der Zustand Gerths verschlechtert sich zunehmend, eines weiß er jedoch ganz genau: Sollten Störmer und Strassmann recht behalten und Hirschfeld nicht, droht ihm die Todesstrafe oder zumindest lebenslängliches

Zuchthaus. Per Gerichtsbeschluss vom 16. April 1925 soll Gerth auf Antrag des Gerichtsärztlichen Ausschusses für die Stadt Berlin zur Vorbereitung des Obergutachtens durch das Medizinalkollegium nach Dalldorf gebracht werden, rechtlich legitimiert durch den § 81 der Strafprozessordnung. Am 5. Mai 1925 wird Gerth daher für maximal sechs Wochen in die „Irrenanstalt“ überführt. Alles, was er an Wertsachen bei sich trägt, ist sein goldener Trauring. Zehn Minuten Sprechdauer alle zehn Tage ist alles, was man ihm an Kommunikation mit seiner Ehefrau zugesteht. Um Gerth in den simulierten Zustand zu versetzen, in dem er die beiden Taten begangen hat, werden von den Ärzten „Trinkproben“ mit ihm vorgenommen. An zwei Tagen muss er exakt die gleiche Menge Alkohol zu sich nehmen wie damals an jenem schicksalhaften Abend. Am 22. Mai bekommt Gerth eineinhalb Liter Bier, 20 Gramm Cognac und 80 Gramm Brandy, am 13. Juni noch einmal dieselbe Menge. Und tatsächlich beobachten die Ärzte ungewöhnliche Reaktionen und auch Angriffe gegen Mitpatienten, sodass der Ausschuss in seinem Gutachten festhalten wird, dass Gerth tatsächlich ein „erblich schwer belasteter Psychopath mit Impotenz und sexuellem Reizhunger“ sei, der zudem alkoholepileptische Krampfanfälle habe und die Morde in einem Alkoholdämmerzustand begangen habe. Gemeingefährlich geisteskrank sei er, aber dennoch haft- und verhandlungsfähig – ein seltsamer Widerspruch. Landgerichtsdirektor Marquardt gibt sich damit nicht zufrieden und fordert noch ein Obergutachten vom Preußischen Landesgesundheitsrat ein. Gerth wird zu diesem Zweck für einige Wochen aus der Untersuchungshaft in die Charité verlegt. Dort wird die Unzurechnungsfähigkeit des Delinquenten von den Professoren Bonhoeffer und Forster noch einmal bestätigt. In der Trunkenheit neige Gerth, wie sich bei den Alkoholproben gezeigt habe, „zum raschen Zugreifen im Sinne von Kampfhandlungen“, habe kleine Erinnerungslücken und Erinnerungsfälschungen. Mit an Sicherheit grenzender Wahrscheinlichkeit habe er sich zur Tatzeit in einem Alkoholdämmerzustand befunden und somit in einem Zustand krankhafter Störung der Geistestätigkeit, der die freie Willensbestimmung ausschließt. Am Ende kommen die beiden Gutachter zu dem Ergebnis, dass der Zustand Gerths sich durch konsequente Alkoholabstinenz bessern und so vor allem die Dämmerzustände mit sexuellen Gewalthandlungen vermieden werden könnten.

Indes sieht sich Gerth selbst als hoffnungslosen Todeskandidaten, der sich strenge Richter wünscht. Am liebsten würde er die Morde durch die Todesstrafe sühnen, die „Irrenanstalt" wäre für ihn die schlimmste Strafe überhaupt, „nur das nicht, lieber köppen", sagt er den Ärzten. Doch es tritt genau das ein, was sein schlimmster Albtraum ist: Gerth wird aufgrund des § 51 freigesprochen und zunächst auf unbestimmte Zeit der Sicherheitsverwahrung in der „Irrenanstalt" Herzberge anheimgegeben.

21. Juni 1926, 18 Uhr: Am Alexanderplatz halten zwei Männer eine Taxidroschke an. Es sind Pfleger aus Herzberge, die den Auftrag haben, den „gemeingefährlichen Geisteskranken" Gerth aus dem Gefängnis abzuholen und ihn „aus sicherheitspolizeilichem Interesse" zur Aufnahme in die Anstalt zu bringen. Gerth ist nur noch ein Schatten seiner selbst, „psychisch völlig heruntergekommen", wie seine Ehefrau und Verwandte feststellen müssen. Durch die lange Zeit der quälenden Ungewissheit ist der brutale Mörder, aber auch psychisch schwer kranke Mann, der der abnormen und starken Macht des Geschlechtstriebs ohne fremde Hilfe nichts hatte entgegensetzen können, unwiderruflich für die Gesellschaft verloren gegangen, die Chance auf Wiedergutmachung an ihr aber auch. „Apathisch", „suizidal", „hört Stimmen", „ablehnend", „misstrauisch". Die Krankheit hat sich nun unwiderruflich manifestiert, zumal es zu dieser Zeit noch keine entsprechenden Medikamente gab, und wird Anfang 1927 zu einer „chronischen und fortschreitenden Schizophrenie", die vor allem mit Wahnvorstellungen wie Vergiftungsideen einhergeht. Seine Ehefrau sorgt schließlich mit einem entsprechenden Antrag dafür,

dass Gerth aus Herzberge wieder in die spätere „Irrenanstalt“ Dalldorf zurückkehren darf. Die Klinik ist dem Kranken vertrauter, der sich zu diesem Zeitpunkt nur wohl fühlt, wenn er alleine ist. Ein wenig scheint er dort zur Ruhe zu kommen, beschäftigt sich mit dem Stricken von Strümpfen, bekommt Besuch von seiner Schwester und sogar von einem ehemaligen Arbeitskollegen von der Polizei. Doch die vermeintliche Besserung ist trügerisch, ein Jahr später zieht er sich erneut völlig zurück und lehnt es sogar ab, mit seinen Mitpatienten in den Garten zu gehen. Wieder ein Jahr später beschäftigt er sich mit gar nichts mehr. Seine Ehefrau hat die Hoffnung auf ein normales Leben mit ihrem Mann längst aufgegeben, 1929 reicht sie die Scheidung ein. Und ein Jahr später geben auch die Ärzte die Hoffnung auf Heilung endgültig auf. „Keine Aussicht auf Wiederherstellung“, heißt es im Gutachten, die Krankheit habe einen solchen Grad erreicht, dass eine Rückkehr in die Gesellschaft völlig ausgeschlossen sei. Nach der Machtergreifung der Nationalsozialisten, die im Gesundheitswesen ein besonderes Augenmerk auf die „Erb- und Rassenpflege“ hatten, fällt Bruno Gerth gemäß „Euthanasie“-Erlass von 1939 unter das „Gesetz zur Verhütung erbkranken Nachwuchses“, sodass die Zwangssterilisierung auch für ihn als „notwendig“ angesehen und vorgenommen wird. Die einzige Behandlung, die der Patient Gerth erhält, ist die Beschäftigungstherapie, die in Fällen wie seinem lange Zeit als alleiniges Erziehungsmittel angesehen wurde. 1939 darf er in einer Malerkolonne arbeiten, ein Jahr später in einer Baukolonne. Noch 1942 wird er dabei als „fleißig“ und „recht brauchbar“ befunden. Das wird ihn vor der Deportation in die „Tötungsanstalt“ bewahrt haben.

Am 7. November 1950 stirbt Bruno Gerth um 21.10 Uhr an chronischer Mittelohrvereiterung, Meningitis und einer akuten Herz- und Kreislaufschwäche. Ein verfehltes Leben endet. Sein in der Urkunde eingetragener Sterbeort lautet „Alt-Moabit 12a“. Es ist die Adresse des Krankenhauses der Untersuchungshaftanstalt beim Kriminalgericht Alt-Moabit.

OHNE TAMTAM KANN ICH NICHTS MACHEN

JOHANNES SPRUCH: JUWELENRÄUBER

Berlin, 18. September 1926: Innenministerium und Messe-Amt haben zahlreiche Vertreter der Presse sowie der Behörden zu einem großen Empfang in das Berliner Parlamentsgebäude eingeladen. Die Veranstaltung hat einen sehr feierlichen Charakter, unter anderem hält Innenminister Carl Severing eine Rede, in der er den Zeitgeist im Polizeipräsidium beschwört, den die Berliner Polizei bereits vor einigen Jahren ausgerufen hat. Endgültig vorbei sollten die Zeiten sein, in denen die Polizei ein negatives Image hatte, das bisweilen dazu geführt hatte, dass ihr Teile der Bevölkerung eher großes Misstrauen anstatt wärmstem Vertrauen entgegenbrachten. Trotz mehr als eindeutiger Anzeichen, dass gerade ein Verbrechen verübt worden war, hatte man in der Reichshauptstadt lieber geschwiegen, sich weggedreht und die ungeliebten Ordnungshüter schlimmstenfalls erst gar nicht alarmiert. Das sicherlich tragischste Beispiel war der Fall des „Schlächters vom Schlesischen Bahnhof", dem Serienmörder Carl Großmann, der über einen langen Zeitraum hinweg in einem überfüllten Mietshaus

Innenminister Carl Severing (l.) und Ministerpräsident Otto Braun (M.) bei der Eröffnung der Polizeiausstellung am 25. September 1926

mitten in Berlin ungestört seine grausamen Morde hatte begehen können. Niemand fühlte sich verantwortlich und überließ so unzählige Frauen und Mädchen dieser mörderischen Bestie in Menschengestalt. Erst am 21. August 1921 wurde der grausame Serienmörder in flagranti erwischt, nachdem sich Nachbarn endlich dazu durchgerungen hatten, die Polizei zu alarmieren. Doch für das Opfer, Marie Nitsche, kam jede Hilfe zu spät. Die junge Frau erlag noch vor Ort ihren schweren Verletzungen.

Schon länger hatte es Überlegungen gegeben, die skeptischen Menschen durch vielfältige Aktionen behutsam an die Arbeit der Beamten heranzuführen, ihnen die Hemmschwelle im Umgang mit den Ordnungshütern zu nehmen, letzten Endes aber auch ihre Aufmerksamkeit und Wachsamkeit zu schärfen. Dabei gab man sich mitunter bewusst volksnah. Unter anderem diente in den 1920er-Jahren das alljährliche Sommerfest der Polizei im Lunapark diesem Zweck. Hochrangige Beamte gaben sich die Ehre, stadtbekannte Kommissare flanierten mit ihren Ehefrauen umher, Berührungsängste sollten abgebaut werden. Und jedes Mal lockte ein besonders spannender

Wettbewerb. Unter dem Motto „Wer sind die Drei?“ konnten die Besucher selbst auf „Verbrecherjagd“ gehen, wofür zuvor eigens ein „Steckbrief“ verteilt worden war. Wer die (falschen) Verbrecher enttarnte, konnte einen Geldpreis gewinnen. Vorläufer dieser Aktion war 1919 der Wettbewerb „Augen auf!“ der *Berliner Morgenpost* gewesen. Bei dieser von der Berliner Polizei angeregten Aktion wurde frühmorgens der Steckbrief eines Mitarbeiters der Zeitung – abgebildet war damals der „rasende Reporter“ Egon Jacobsohn – in der Stadt verteilt oder an den Litfaßsäulen aufgehängt. Die Bevölkerung hatte 24 Stunden Zeit, den „Täter“ zu ermitteln, als Preis winkte eine großzügige Belohnung sowie ein Siegerfoto in der *Morgenpost*.

Die Polizeiausstellung, die insgesamt 500 000 Besucher bestaunen werden, diente nun vor allem auch dem Zweck, das Credo noch einmal von ganz offizieller Seite zu verkünden, es der gesamten Welt mitzuteilen, um letzten Endes auch zu zeigen, wie fortschrittlich die Polizei in der Zwischenzeit geworden war und wie sie sich nach der Reform verändert hatte. Daher sprach Severing: „Es heißt nicht mehr: Ich warne Neugierige! – sondern: Bitte, treten Sie näher!“ Aus den gefürchteten Ordnungshütern des Obrigkeitsstaates waren in der Wunschvorstellung Freund, Helfer und Kamerad geworden, die überdies den Erfordernissen des politischen, wirtschaftlichen und sozialen Lebens standhalten konnten, und zwar in Übereinkunft mit den Anschauungen des Volkes. Die Beamten sollten daher auch möglichst volkstümlich sein, nahbar, nicht mehr Fremdkörper in einem demokratischen Staat. Am 24. September 1926 konnten die Vertreter von Presse und Behörden die Ausstellung in den drei riesigen Hallen des Berliner Ausstellungs- und Messe-Amts am Kaiserdamm gegenüber dem Rangierbahnhof Witzleben exklusiv in einer Vorbesichtigung begutachten. Am 25. September 1926 wurde die Große Polizeiausstellung in Anwesenheit von mehr als 1000 Vertretern des öffentlichen Lebens Deutschlands und zahlreichen ausländischen Gästen eröffnet, die bis zum 17. Oktober Gelegenheit hatten, sie zu besuchen.

Bis auf diese äußerst erfolgreiche Großveranstaltung mit einem enormen Zustrom an Gästen ist es ein ganz normaler Samstag in der Reichshauptstadt, die an vielen Stellen anlässlich der Ausstellung festlich geschmückt ist. An Verkehrsknotenpunkten hängen große, grün umrankte Willkommenspforten. Die Ausstellung wird zu einem bestaunten Event, bei dem auch die Kriminalpolizei in Halle III mit vielen Schauräumen großes Aufsehen erregt, vor allem mit ihrer Abteilung „Kriminalmuseum", das sich damals im Polizeipräsidium befand. Aber auch das „Mord-Diorama" mit dem Motto „Was zeigt dieser Tatort?", das dem Publikum die schwierige praktische Arbeit der Beamten veranschaulichen soll, ist ständig umlagert. Es sieht zum ersten Mal, wie es in einer „Opiumhöhle" aussieht oder in einem illegalen Spielclub, sieht Särge, die zum Schmuggeln von Rauschgift verwendet wurden, betrachtet die Konterfeis von Verbrechern, erfährt von Spitznamen der Berliner Verbrecherwelt, lernt Einbruchswerkzeuge kennen. Auch das neuartige, von Ernst Gennat konzipierte „Mordauto", in dem alles Notwendige für eine erste Tatortbestandsaufnahme und -untersuchung vorhanden ist, wird ausgestellt. Kein Betätigungsfeld der Beamten wird in dieser bald legendären Ausstellung ausgespart.

Während also die ersten Gäste staunend durch die Ausstellungshallen wandeln und über Kriminalität im Allgemeinen sinnieren, die sie hier nur theoretisch vor Augen haben, wird diese in der Tauentzienstraße im Berliner Westen ganz real in die Praxis umgesetzt. Dort herrscht wie so oft in den großen Einkaufsstraßen reges Treiben, so auch im Kaufhaus des Westens. Schräg gegenüber auf der anderen Straßenseite ist der Inhaber des Juweliergeschäfts Marotti und Freink GmbH in der Hausnummer 7 gerade im Hinterzimmer mit einem Kunden im Verkaufsgespräch. Außer ihnen ist nur noch ein Verkäufer im Laden anwesend. Am frühen Nachmittag fallen zwei maskierte Männer mit lautem Geschrei, Getöse und vorgehaltener Pistole blitzschnell in den Laden ein. Einer der Täter stürzt sofort in das Hinterzimmer, der andere treibt den

Verkäufer und den Kunden mit vorgehaltener Waffe dorthin. Die drei völlig überrumpelten Männer müssen dort verängstigt ausharren und ihre Hände hochhalten, in der Zwischenzeit räumt einer der Räuber die Auslage des Schaufensters aus. Zur Ablenkung wirft er anschließend einige Feuerwerkskörper in das Geschäft und auf die Straße. Ein Tumult bricht aus, als die Menschen den Krach hören und den starken Rauch wahrnehmen. Manche geraten in Panik, weil sie eine Gas- oder Dynamitexplosion vermuten. Die meisten stürzen hastig davon, manche schnurstracks in die nächsten Häuser. In der riesigen Menschenansammlung, der rauchumnebelten Straße und der allgemeinen Konfusion können die beiden Täter entkommen. Der eine ist sofort verschwunden, der andere rennt zunächst fast einen Passanten über den Haufen und stürmt mit hochgehaltener Waffe in das Kaufhaus des Westens. Dort läuft er blitzschnell bis ins dritte Stockwerk hinauf, dann durch die ganze Etage, um wiederum im Treppenhaus auf der anderen Seite nach unten bis in den Hof zu rennen, wo er schließlich eine Mauer erklimmt und entkommen kann. Die ganze filmreife Aktion, bei der auch ein Schuss auf den Ladeninhaber abgegeben worden ist, der zum Glück unverletzt bleibt, spielt sich innerhalb kürzester Zeit ab. Die Täter müssen Tatort und Umfeld minutiös ausgespäht und die Tat sorgfältig geplant haben. Das blitzschnell angerückte Überfallkommando – diese Einheiten waren 1921 eingeführt worden, um für den polizeilichen Notstand zur Verfügung zu stehen – kann nichts mehr ausrichten. Die Täter sind und bleiben spurlos verschwunden.

Der spektakuläre Überfall, die tollkühnen Täter, die reichhaltige Beute im Wert von mindestens 125 000 Mark, die Dreistigkeit, mit der sie vorgegangen sind – all das sorgt innerhalb kürzester Zeit für Sensationsmeldungen in Zeitungen sowohl des In- als auch des Auslandes. Attribute wie „romantisch", „Wildwest-Räuber", ein „phantastisch angelegter" Überfall belegen eine unverhohlene Bewunderung für die Täter, die Verdrängung des kriminellen Elements, die Tatsache, dass der Coup durchaus anders hätte ausgehen können, wenn einer der Täter den Ladeninhaber tatsächlich getroffen hätte. Die Angst, die der Ladeninhaber, der Angestellte und der Kunde in Angesicht der Pistolenmündung ausgestanden haben müssen, all das interessiert scheinbar wenig. Der Fall ist auch ein Beleg dafür, dass die Kriminalität eine andere Qualität angenommen hat. Sie orientiert sich an zweifelhaften amerikanischen Vorbildern, ist reißerisch, laut, wenig versteckt, findet auf offener Straße statt, am helllichten Tag. Wenn Schusswaffen so exponiert eingesetzt werden, ist Berlin endgültig zum „Chicago Europas" geworden. Die Diebe schleichen nicht mehr heimlich durch die Nacht oder suchen sich einsame Gehöfte in der umliegenden Provinz. Sie sind viel dreister und selbstbewusster geworden, suchen förmlich die Aufmerksamkeit, das Rampenlicht, und werden so mitunter vom Dieb zum Räuber, manche spontan, andere, wie die Juwelenräuber, nach offenbar gründlicher Planung. In diesen Momenten besteht auch immer die Gefahr, dass der Dieb – wenn auch unvorhergesehen und ungeplant – zum Raubmörder wird. Das Publikum hingegen scheint auf diesem Auge jedoch blind zu sein, wenig empathisch, nur auf Sensationen bedacht. Vor dem Juweliergeschäft muss in den darauffolgenden Tagen sogar der Verkehr von der Polizei geregelt werden, weil zahlreiche Schaulustige anrücken, um den Ort des Geschehens zu begaffen. Alle wollen sehen, wo dieser spektakuläre Überfall stattgefunden hat. Wo die vermeintlich „romantischen Räuber" die Juwelen erbeutet haben, um sie ganz sicher nicht unter den Armen der Stadt zu verteilen.

Nun ist es also an der Berliner Kriminalpolizei, die Reichshauptstadt, aber auch ganz Deutschland und die ganze Welt von ihren Fähigkeiten zu überzeugen, alles andere wäre mitten in einem internationalen Polizeikongress eine Blamage. Mit dem Fall betraut worden sind die erfahrenen Kriminalkommissare Ludwig Werneburg vom Raubdezernat, der allgegenwärtige Otto Trettin und Alfred Zapfe, die alle drei zur Zentralen Mordinspektion gehören, bei der zu dieser Zeit 16 Kommissare im Mordbereitschaftsdienst arbeiten, die im Bedarfsfall auch von umliegenden Polizeistationen außerhalb Berlins angefordert werden können. Die Ermittlungen laufen schon bald auf Hochtouren, der Polizeipräsident drängt auf schnellste Ergebnisse. Unter anderem erbringt der Abgleich der Fingerabdrücke auf den wenigen Schmuckstücken, die die Täter in der großen Eile bei der Flucht verloren haben, mit der Registratur kein Ergebnis. Die Zeit drängt, die Beamten werden nervös, die Presse scharrt mit den Hufen. Doch dann tritt „Kommissar Zufall" auf den Plan und spielt ihnen in die Hände. Kollektives Aufatmen, jetzt kommt Bewegung in die Sache, und auch dem Polizeipräsidenten fällt ein großer Stein vom Herzen.

In der Zwischenzeit ist der Täter, sein Name ist Johannes Spruch, längst nach Breslau geflohen – das Geld hat er von seiner Schwester in Berlin bekommen – und hat sich unter falschem Namen in einem Hotel eingemietet. Er hofft, in einem günstigen Moment über die Grenze nach Polen flüchten zu können. Die Aussichten sind schlecht, die Berliner Polizei hat nach dem Überfall sofort Steckbriefe an etliche Polizeibehörden herausgegeben, auch die Breslauer Polizei lässt seitdem den Bahnhof und seine Umgebung beobachten, ebenso kleinere Hotels. Ein Vertrauensmann der Polizei erkennt Spruch, verfolgt ihn und alarmiert die Polizei. Derweil hat sich Spruch gut gelaunt und mit ein paar Juwelen aus dem Raub in der Tasche gegen 14 Uhr in einem Restaurant niedergelassen, um zu speisen. Er bemerkt nicht, wie das Lokal von Polizeibeamten umstellt wird, während er gerade sein Mittagessen bestellt. Auf einmal ertönt hinter ihm eine Grabesstimme, Spruch wird leichenblass: „Nun. Sie sind nicht weit gekommen, folgen Sie mir ohne Aufsehen." Dann legt Polizeisekretär Hoffmann dem völlig verblüfften Spruch, der keinerlei Widerstand leistet, triumphierend die Handschellen an. Sein Mittagessen muss unberührt retour gehen.

Sofort machen sich die Kriminalkommissare aus Berlin auf den Weg nach Breslau, um den Delinquenten in die

Reichshauptstadt zu überführen. Schon auf der Rückreise beginnen sie mit dem Verhör des dringend Tatverdächtigen, das später in Berlin auf dem Präsidium fortgesetzt werden soll. In Berlin sorgt der Räuber erneut für tumultartige Szenen. Wieder sucht und findet er sein Publikum, das ihn mit großen Augen bewundert, was für kurze Zeit sein Lebenselixier in seinem ansonsten traurigen Dasein geworden ist. Bei seiner Ankunft am Bahnhof Alexanderplatz um 8.48 Uhr morgens strömen zahlreiche Menschen neugierig zu dem Zug, in dem der wenig gewiefte Verbrecher in Handschellen neben den Kriminalbeamten sitzt. Eigentlich besteht kein Grund, ihm zu huldigen, doch das Publikum ist da anderer Meinung. Ein gefährliches Gedränge entsteht, und nur dem Eingreifen der Berliner Schutzpolizei ist es zu verdanken, dass kein Unglück geschieht. Johannes Spruch hat seinen ganz großen Auftritt vor Publikum. Alle sind nur wegen ihm da, das weiß er nur zu genau, und er genießt die für ihn überhaupt nicht zweifelhafte Popularität, es sind sogar Hochrufe zu hören, und die ganze Berliner Verbrechergilde scheint anwesend zu sein. Man feiert ihn wie einen Helden, wie einen Filmstar, ihn, den Mann, der es im Leben bis jetzt zu nichts gebracht hat. Ihn, den Verbrecher, der Menschen mit einer Waffe bedroht und sich fremdes Eigentum angeeignet hat. Der harmlose Passanten und die Kunden im Kaufhaus des Westens zu Tode erschreckt hat.

Auf dem Präsidium wird die Vernehmung fortgesetzt, auch die Eltern und die Schwestern Spruchs, Charlotte und Elisabeth, werden befragt. Als es zur Begegnung mit den Eltern kommt, will sich der Vater, der Händler Josef Spruch, wütend auf den missratenen Sohn stürzen, während die Mutter, Agnes, nur stumm vor sich hin weint. Charlotte hat sich indes schnell in Widersprüche verwickelt, den Beamten ist schnell klar geworden, dass sie an der Sache beteiligt sein musste, wenn auch nicht aktiv an dem Überfall. Doch wer ist der zweite Täter, der den Überfall mit ausgeführt hat? Ist das wirklich, wie Spruch lächelnd lange Zeit behauptet, seine angebliche Geliebte „Sonja“

gewesen, die als Mann verkleidet mit ihm den Juwelierladen ausgeraubt haben soll?

Nach den aufregenden und kräftezehrenden Ereignissen der zurückliegenden Tage verliert Spruch für kurze Zeit sein lächelndes Gesicht und vor allem seine Contenance. Sein Lügenkonstrukt bricht mehr oder weniger in sich zusammen, und endlich gesteht er die Tat. Jedoch ohne Reue, ohne Läuterung, ohne schlechtes Gewissen. Einzig und allein die Tatsache, dass er niemanden hat töten wollen, wird für ihn sprechen. Wieder handelt die Kriminalpolizei innerhalb kürzester Zeit, leiht sich zwei große Scheinwerfer von der UFA und bricht mit dem Delinquenten zu dem Ort auf, wo er die Juwelen vergraben haben will. Im Auto ist Spruch wie ausgewechselt, bester Laune, leutselig, redefreudig, lächelnd. Die kurzzeitige depressive Stimmung ist wie weggeflogen, die starke Stimmungsschwankung fällt auf. Er plaudert jovial über seine Kriegsabenteuer, und als die Beamten dann in der Nähe des Elektrizitätswerkes von Friedrichshagen nach seinen genauen Anweisungen – „Hier müsst ihr graben!" – anfangen zu suchen, finden sie in dem von Spruch benannten Waldstück in 80 Zentimetern Tiefe ein Einsiedeglas, in dem sich noch eine Schachtel befindet. Und tatsächlich: Im Scheinwerferlicht blinken den Beamten Juwelen entgegen, die, wie Charlotte Spruch zugeben wird, von ihr dort vergraben worden sind.

Am nächsten Tag führt Spruch mehrere Beamte, darunter auch Dr. Bernhard Weiß, den Chef des Berliner Polizeipräsidiums, in den Grunewald, wo seine Schwester Charlotte in seinem Auftrag einen weiteren Teil der Beute an der Waldkapelle, zehn Minuten vom Bahnhof Grunewald in Richtung Teufelssee entfernt, vergraben hat. Trotz der spektakulären Funde ist der Fall noch nicht restlos aufgeklärt, einige Fragen bleiben zu

Porträt des Juwelenräubers Johannes Spruch (l.) und Vernehmung seiner Schwester am Fundort der Beute (r.)

diesem Zeitpunkt offen. Vor allem rätseln die Beamten über die Identität der ominösen Sonja: War sie wirklich, als Mann verkleidet, an der Tat beteiligt? Was hat eine gewisse Else Ringhausen mit der Tat zu tun, mit der Spruch die Nacht danach verbracht haben will, in der sie ihm im Hotelzimmer „rheinische Lieder“ zur Beruhigung hat vorsingen müssen?

Spruch verschwindet zunächst in die Untersuchungshaft. Doch nur wenige Tage später wird der „Tauentzienräuber“ just an den Ort des Geschehens, des spektakulären Raubüberfalls, gebracht. Zu kriminalistischen Studienzwecken wird das Verbrechen rekonstruiert und am Originalschauplatz nachgespielt. Spruch bekommt eine ungeladene Waffe in die Hand gedrückt und darf seine eigene Straftat noch einmal vor Fotografen und Kameraleuten vorführen, ein Kriminalbeamter spielt seinen kriminellen Kumpanen. Zunächst plaudert er noch jovial mit den Anwesenden, dann heißt es „Action!“. Geplant ist, den Film noch während der Polizeiausstellung zu zeigen. Ein wenig bizarr mutet diese Situation schon an. Und gerade für einen Täter, dem die Gerichtsärzte „psychopathische Züge“ bescheinigen werden, ist sie brandgefährlich, weil sie ihn in seiner irrigen Annahme bestätigt, dass seine Tat in Wahrheit keine Straf-, sondern eine Heldentat war. Dass die Menschen ihn dafür lieben, ihn nicht mehr verachten. Er, der „kleine, unbekannte Mann“ hat es endlich geschafft, dass man ihn beachtet, nun kennt ihn die ganze Welt. Und tatsächlich: Spruch scheint geradezu stolz auf diesen Auftritt zu sein, den er souverän absolviert. Er sonnt sich in der temporären Aufmerksamkeit und scheint die Tatsache, dass er vielleicht für Jahre hinter Gittern verschwinden wird, überhaupt nicht zu realisieren. Lächelnd und freundlich winkt er den Menschen zu, als er wieder den Transportwagen der Polizei besteigen muss. Er ahnt nicht, dass die Haltbarkeit seines Ruhmes verschwindend gering ist und sie die zu erwartende Haftstrafe bei Weitem nicht kompensieren kann. Spruch denkt nicht über die Zukunft nach, auch er lebt nur im Hier und Jetzt, die möglichen Konsequenzen seiner Aktionen blendet er aus. Das hat er mit den Hochstaplern gemeinsam.

Auftritt Spruch, die Vierte. „Sensationsprozess!“, schreit es förmlich von allen Dächern Berlins. Menschenmassen strömen am 30. November 1926 zum Gerichtsgebäude in Charlottenburg, wo das Erweiterte Schöffengericht über Spruch urteilen soll. Angeklagt wird der von Augenzeugen als „mittelgroßer schlanker Mann mit dem braunen vollen Haupthaar und dem scharf geschnittenen Gesicht“ beschriebene Spruch wegen schweren Raubs mit Waffengewalt, Nötigung sowie unerlaubten Waffenbesitzes. Die Staatsanwaltschaft fordert eine Strafe von acht Jahren und drei Monaten unter Anrechnung von zwei Monaten Untersuchungshaft sowie die Aberkennung der bürgerlichen Ehrenrechte. Seine Schwester Charlotte wird der Hehlerei bezichtigt, für sie werden fünf Monate, für die ebenfalls wegen Hehlerei angeklagte Filmstatistin Else Ringhausen drei Monate gefordert. Der zweite Räuber, laut Spruch ist das ein gewisser Paul Gerlach, den alle nur unter dem Namen „Schmiede-Paul“ kennen, ist nach wie vor flüchtig. Wie immer wird auch der Lebenslauf, das Vorleben des ständig lächelnden Delinquenten vor Gericht gründlich aufgearbeitet.

Johannes Spruch kommt am 22. August 1897 im oberschlesischen Ratibor als Sohn des Händlers Josef Spruch und dessen Ehefrau Agnes zur Welt. Außer Johannes sind da noch die beiden Mädchen Elisabeth und Charlotte. Er ist ein kränkliches Kind, das in der Volksschule nie so richtig vorwärtskommt. Er ist verschlossen, kommt seinem Vater nie wirklich nahe, andererseits will er, laut eigener Aussage vor Gericht, „tolle Streiche" begangen haben. Die Familie zieht öfters um, so geht Johannes in Königshütte und in Tarnowitz zur Schule, er ist jedoch ein schlechter Schüler, der keine weiterführende Schule mehr besucht. Im Alter von zwölf Jahren versucht er zum ersten Mal, sich umzubringen, die Gründe dafür bleiben nebulös. Einen richtigen Beruf erlernt er nicht, so gerade kann er sich als junger Mann mit Hausieren über Wasser halten. Früh kommt er mit dem Gesetz in Konflikt, in Breslau erhält er eine Strafe wegen schweren Diebstahls und sitzt drei Jahre lang im Gefängnis. Auch von einer Strafe wegen Zuhälterei ist vor Gericht die Rede, aber auch, laut Aussage der Mutter, dass es in ihrem Zweig der Familie einige Menschen gegeben hätte, die im „Irrenhaus" endeten oder sich selbst das Leben genommen hatten, wobei auch hier keine genauen Diagnosen zur Sprache kommen. Als Sachverständige hat das Gericht unter anderem den Psychologen Dr. Henneberg von der Universität Berlin, den Tiefenpsychologen Prof. Dr. Hubertz von der Universität Bern, den Grafologen Bessert vom Institut für Sexualforschung sowie Sanitätsrat Leppmann geladen. Die Experten sind sich schließlich einig: Spruch sei nicht geisteskrank im Sinne des § 51 und somit schuldfähig, es gebe aber deutliche psychopathische Züge in seinem Wesen und in seiner Veranlagung. Zudem habe er infantile Züge und zeige eine große Urteilsschwäche im Schmieden vollkommen fantastischer Pläne. Am Ende wird Spruch wegen schweren Raubs und Nötigung zu sechs Jahren Zuchthaus, fünf Jahren Ehrverlust und Stellung unter Polizeiaufsicht verurteilt, die er in Brandenburg-Görden absitzen wird. Aufgrund seiner Einstufung als psychopathisch veranlagter Täter ist man unter dem von der Staatsanwaltschaft geforderten Strafmaß geblieben. Charlotte erhält eine Strafe von fünf, Else von drei Monaten.

Die Zellentür schließt sich hinter dem Delinquenten. Wie wird er sich die langen und nicht enden wollenden Tage und Nächte vertrieben haben? Bekannt ist, dass Spruch künstlerisches Talent hatte und sehr gut zeichnen konnte. Doch beschränkte er sich zumeist auf das Zeichnen von „lasterhaften Frauenköpfen". Ebenso soll er seine Lebenserinnerungen aufgeschrieben haben. Die schlimmste Strafe für ihn war aber, dass nun der vermeintliche Ruhm abrupt und unwiderruflich vorbei war und sich schon bald niemand mehr für ihn interessierte, auch nicht die Presse, die ihn zuvor ausgiebig gefeiert hatte. Auch der starke Bewegungsdrang, den Spruch vor dem Richter an den Tag gelegt hatte, als er nervös und aufgeregt hin- und herlief, sein kindliches Bedürfnis, sich anderen mitzuteilen, ihnen, so seine Wahrnehmung, alles über seine tollen Taten zu erzählen – all das ist nun nicht mehr möglich. Es ist eine gefährliche Situation, die den bereits angeschlagenen psychischen Gesundheitszustand eines Straftäters gravierend verschlimmern kann. Und erwiesenermaßen können sich die Gerichtsärzte auch mal irren. 1929 sollte es den erwähnten Dr. Leppmann treffen, der im Fall des „jugendlichen Brudermörders" Manasse Friedländer in seinem ersten Gutachten nicht erkannt hatte, dass der 19-jährige Mann bereits zur Tatzeit an einer psychischen Erkrankung aus dem schizophrenen Formenkreis litt. Sie hatte ihn unberechenbar gemacht, zu einer tickenden Zeitbombe, und das mit dramatischen Folgen: Er erschoss im Haus seiner Eltern zunächst unvermittelt seinen Bruder und danach einen zu Besuch anwesenden gemeinsamen Freund, nachdem er sich kurz zuvor mit beiden noch ruhig und freundlich unterhalten hatte. Friedländer musste ungewöhnlich lange in der Untersuchungshaft ausharren und entwickelte in dieser Zeit eine schwere Haftpsychose, aufgrund derer er in Verbindung mit der schweren psychischen Vorerkrankung endgültig dem Wahnsinn verfiel, so stark abmagerte, dass er sich kaum noch auf den Beinen halten konnte und als Notfall ins Polizeikrankenhaus gebracht wurde, wo man ihn gerade rechtzeitig vor dem Tod retten konnte. Dr. Leppmann erstellte daraufhin ein zweites Gutachten, aufgrund dessen Friedländer zunächst freigesprochen und in die „Irrenanstalt" Herzberge eingeliefert wurde, wo er die nächsten Jahre bis zu seiner Entlassung und Abschiebung in das Heimatland seines Vaters, Lettland, verbrachte, wo sich seine Spur schließlich verlor.

Auch bei Spruch mit seiner ungewöhnlichen Veranlagung und seiner Vorgeschichte war es sehr wahrscheinlich, dass ihm die Haftzeit nachhaltig schaden würde, zumal offenbar auch eine Disposition für eine Depression vorhanden war. Das Strafmaß wurde zwar aufgrund seines Gesundheitszustandes tatsächlich reduziert, aber ob das Zuchthaus der richtige Ort für einen Menschen wie Spruch war, sei dahingestellt. Und tatsächlich endete die Geschichte mehr als tragisch.

Nach seiner Entlassung aus dem Gefängnis kehrt Spruch 1932 zunächst nach Berlin zurück und kommt wieder bei seinen Eltern unter, die immer noch in der Zimmerstraße wohnen. Am 5. Januar 1933 heiratet der Händler (Johann) Josef Spruch auf dem Standesamt II die Hausgehilfin Martha Ida Seidel, die im selben Haus wohnt. Trauzeugen sind der Friseur Erwin Nowack sowie Charlotte Spruch, die ebenfalls wieder bei den Eltern wohnt. Doch der Eindruck täuscht, dass Spruch vielleicht zur Ruhe kommen, die Vergangenheit vergessen und mit dem Eingehen einer Ehe einen Neuanfang wagen wollte. Die Unterschrift Spruchs auf der Urkunde zeigt die ungewöhnlich dynamische und geschwungene Handschrift eines Menschen, dem auch auf dem Papier eine Sache, in dem Fall eine Zeile, nicht genügte, sodass er seine Unterschrift gleich forsch auf zwei ausdehnte. Dies passt zu dem, was bis jetzt über Spruch bekannt ist, es bricht förmlich explosionsartig aus ihm heraus, unbeherrscht, größenwahnsinnig.

Die Hoffnung des Johannes Spruch auf ewigen Ruhm erfüllt sich nicht. Nur wenige Monate nach seiner Hochzeit versucht er verzweifelt, an die einstige kurzlebige Verehrung anzuknüpfen, und fällt in das altbekannte Verhaltensmuster zurück, mit dem er – in seinen Augen – einst einen solch fulminanten „Erfolg" gefeiert hat. Für Kriminalisten wie Dr. Robert Heindl war das keineswegs ungewöhnlich, stehen doch auch Verbrecher unter einem gewissen Druck, wenn sie erfolgreich einer Gefängnisstrafe aus dem Weg gehen wollen – der Begriff der „Perseveranz des Berufsverbrechers" wurde geboren. Doch Spruch bringt dafür nicht die besten Voraussetzungen mit, er hat keinen Beruf erlernt, und sein Bildungsniveau ist niedrig. So fällt ihm nichts Besseres ein, er wird zum Plagiator seines einstigen Verbrechens und scheitert erneut. Mit seinem Komplizen Stanislaus Kohut, der einst auch sein wahrer Komplize in Berlin gewesen war, reist er wieder nach Breslau, wo die beiden Verbrecher nach dem exakt gleichen Muster wie 1926 einen Juwelierladen überfallen. Diesmal betreten sie das Geschäft kurz vor Ladenschluss. Wieder bedroht einer der beiden den Inhaber mit einem Revolver, während der zweite Täter die Ladenauslage an sich rafft und die Tageskasse plündert. Zunächst gelingt ihnen die Flucht. Für den Ernstfall haben sie sich sogar eine Bombe angefertigt, aber es kommt nicht dazu, dass sie sie zünden müssen, denn diesmal ist die Polizei sehr schnell am Tatort. Nach einer wilden Verfolgungsjagd können sie Johannes Spruch schließlich festnehmen, während Kohut erneut entkommen kann. Und wieder schließt sich die Zellentür des Untersuchungsgefängnisses hinter Spruch, doch diesmal ist es das letzte Mal: Noch in derselben Nacht erhängt er sich in seiner Zelle. Dieser tragische Umstand ist der *Uhrmacher-Woche* vom 21. Oktober 1933 immerhin eine kleine Meldung wert, während Berliner Zeitungen schweigen. Das Rampenlicht für die „Volksschädlinge", die Berufsverbrecher, die nach nationalsozialistischem Verständnis den Staat düpieren, ist schon lange ausgeschaltet. Das für psychisch kranke Verbrecher offensichtlich auch. Und schon bald wird die systematische Eliminierung auch dieser Menschen beginnen.

DIE BLUMEN DES BÖSEN

DR. BRUNO SCHREIBER: PHILOLOGE AUF ABWEGEN

Es hätte alles so schön sein können: Zwei alte Schul- und Studienfreunde sitzen beim opulenten Abendessen in Berlin und schwelgen in Erinnerungen an ihre gemeinsame Vergangenheit. Sie lehnen sich zufrieden zurück und prosten sich zu in der Gewissheit, dass sie alle Krisen überstanden haben, selbst die des Ersten Weltkriegs, und dass das auch in Zukunft so sein würde. Und das in der Zuversicht, dass sie in den darauffolgenden Jahrzehnten gemeinsam altern und ihre Freundschaft sie bis an ihr Lebensende begleiten würde. Ihre geordnete Herkunft, ihre Intelligenz und ihr Durchhaltevermögen würden sie alle Stürme der Zeit sicher überstehen lassen. Doch daraus wurde nichts.

Dr. Bruno Schreiber und Otto Trettin hat das Schicksal früh zusammengeführt. Sogar in den Ersten Weltkrieg sind die beiden gleichaltrigen Männer gemeinsam willig gezogen. Nicht gemeinsam haben sie allerdings ihren Geburtsort. Schreiber kommt am 22. November 1891 als Walter Alfred Bruno Rosenfeld in Berlin unehelich zur Welt und wird erst zu Bruno Schreiber, als die Mutter den Kindsvater Willi Schreiber heiratet. Otto Trettin hingegen stammt aus Pommern, wo er am 19. Oktober 1891 in Scheune im Kreis Randow als Sohn des Lehrers Johannes Trettin und dessen Ehefrau Emma geb. Ortel geboren wurde. In Berlin haben sie sich kennengelernt und sind sich auf Anhieb sympathisch gewesen. Beide besuchen sie das

Lessing-Gymnasium und legen dort 1910 erfolgreich ihre Reifeprüfung ab. Darauf beschließen sie, gemeinsam ein Studium an der Friedrich-Wilhelms-Universität zu Berlin – der heutigen Humboldt-Universität – zu beginnen, wenn auch mit unterschiedlichen Studienfächern. Schreiber widmet sich ab dem 6. Mai 1910 der Neueren Philologie, Trettin immatrikuliert sich ein Jahr später, am 1. November 1911, an der Theologischen Fakultät. Schreiber wird das Studium mit dem Doktortitel krönen, er promoviert sieben Jahre später an der Universität Leipzig über *Johann Rists Monatsuntersuchungen.*

Trettin hingegen scheitert mit seinen Studienplänen. Er hat an der Universität festgestellt, dass ihn das Theologiestudium doch nicht wie erhofft erfüllt, sodass er zunächst an die Juristische Fakultät wechselt. Sein Studium verläuft zunächst sehr erfolgreich, der talentierte Trettin erhält gleich mehrere Stipendien, so zum Beispiel 1913/14 das Goldbeck-Stipendium. Doch dann unterbricht der Erste Weltkrieg jäh die Lebensläufe der beiden jungen Männer, die wie so viele ihrer Zeitgenossen zu den Waffen eilen, Schreiber als Gefreiter im Luftschiffer-Bataillon der Fesselballon-Abteilung der Kaiserlichen Marine, Trettin als Gefreiter im Regiment des Gardes du Corps.

Als der Krieg endet, kehrt ein Heer von Männern in die Heimat zurück, viele sind nicht nur körperlich verwundet, sondern auch an der Seele. Und auch Trettin hat in einem Kriegsgefecht einen Arm verloren, Schreiber ist aus einem brennenden Fesselballon abgesprungen und mit dem Kopf auf dem steinigen Boden aufgeschlagen. Die Jahre danach werden für Trettin dennoch weiterhin zur Erfolgsgeschichte. Zunächst bricht er jedoch sein Studium ab, am 14. Juni 1920 wird im Kontrollbuch seiner Universität vermerkt, dass keine Meldung mehr erfolgt sei und Trettin auch kein Abgangszeugnis beantragt habe.

In der Zwischenzeit hat er sich nämlich bei der Berliner Polizei beworben und ist angenommen worden. Es folgt in den nächsten Jahren eine überaus zügige Karriere. Trettin ist zwar laut, anmaßend und cholerisch, aber auch intelligent, ehrgeizig und im Kollegenkreis bald sehr angesehen. Im Laufe der 1920er-Jahre wird er als Kriminalkommissar sehr erfolgreich sein, vor allem als Spezialist für Einbruchsdelikte. Währenddessen befindet sich sein bester Freund Schreiber deutlich auf dem absteigenden Ast.

Nach Abschluss seines Studiums hat Schreiber, dessen Vater Willi Verleger einer Vorortszeitung ist, als Studienreferendar erste Erfahrungen in der Schriftleitung der Redaktion der *Tegeler-Pankower-Zeitung* sammeln können. Das hat ihm viel Freude bereitetet, wenngleich er sich mehr vom Leben versprochen hat, als bei einer Provinzzeitung „zu versauern". Dass andere in dieser schweren Zeit heilfroh wären, so eine Position innezuhaben, sieht er nicht. Seine Ehefrau hat Bruno Schreiber bereits als flotter und lebenslustiger Student kennengelernt, die, wie er nicht frei von Arroganz vor Gericht ausdrücken wird, „von kleinem Herkommen" ist. Als sie ungeplant schwanger wird, heiraten die beiden und genießen zunächst ihr Eheleben. Reisen an die See, Besuche von Regatten und Boxkämpfen, Theaterbesuche – die Ehe scheint zunächst sehr harmonisch zu sein. Doch zunehmend fällt ein Schatten auf das junge Glück.

Schreiber wünscht sich unbedingt einen Sohn, doch die Hoffnung schwindet zunehmend. Bereits 1916 hat seine Ehefrau einen Jungen zur Welt gebracht, Günther, der jedoch zehn Tage später, am 17. Oktober, ungetauft gestorben ist. Zwei Fehlgeburten hat Martha dann in den Jahren darauf noch erlitten. Beruflich ist Schreiber ohnehin schon länger unglücklich, dann wird ihm seine Arroganz zunehmend zum Verhängnis. Im Oktober 1924 gibt er tatsächlich seine Stellung auf, und zwar allein deshalb, weil „die Leistung in keinem Verhältnis zum Einkommen" stehe. Beruflich ist er, der wenig bescheidene Mann, kurz vor dem Scheitern, die Ankunft des erhofften männlichen Erben in weite Ferne gerückt. Immer öfters ist die Atmosphäre im Hause Schreiber angespannt, ständig kommt es zum Streit zwischen den Eheleuten, die 1924 mit ihrem neunjährigen Töchterchen im ersten Stock eines Fabrikgebäudes in der Koloniestraße 134 wohnen.

Am 4. Dezember 1924 ist die Atmosphäre im Hause Schreiber wieder einmal besonders aufgeheizt. Noch am Vormittag hat Bruno zwei Bewerbungsabsagen bekommen, wieder greift er zur Flasche mit dem Alkohol, um seinen Kummer zu ertränken. „Du bist doch zu faul zum Arbeiten!", schreit Martha, „Du Versager!". Dann wirft sie ihrem Mann, der gerade dabei ist, mit einem Hammer ein Scharnier zu befestigen, vor, dass er seine Stellung viel zu leichtfertig aufgegeben habe. „Sei endlich still!", zischt Bruno, der insgeheim weiß, dass seine Frau recht hat, das aber nie zugeben würde. Plötzlich hat sie einen Revolver in der Hand und zielt in seine Richtung. Doch die Waffe, das weiß Bruno, ist gar nicht geladen. „Mit dir will ich doch sowieso kein Kind mehr!", kreischt Martha, „mit einem Arbeitslosen! Und darauf kannst du dich verlassen: Es wird auch nicht kommen!" Wutentbrannt und wie von Sinnen stürzt sich Bruno Schreiber, dem seine Ehefrau mit der Abtreibung seiner Leibesfrucht gedroht hat, auf sie, entreißt ihr den Revolver, wirft ihn zur Seite und holt zum Schlag mit dem Hammer aus. „Na, sage mal", kann Martha noch gerade ausrufen, bevor mehrere wuchtige Hammerschläge sie am Kopf treffen. Stille. Schreiber hört das Blut in seinem Kopf rauschen. Entsetzt realisiert er, was er gerade getan hat, und noch im selben Moment kommt Reue auf. Er sieht, dass seine Ehefrau noch schwache Lebenszeichen von sich gibt, schleppt den Körper ins Nebenzimmer, legt ihn ins Bett und hüllt ihn mit Decken ein. Anschließend versucht er, ihr warme Milch einzuflößen. Kurz darauf verstirbt Martha Ida Anna Schreiber geborene Ball an den Folgen dieses brutalen Verbrechens. Da liegt sie nun, seine liebe Martha, und alles ist voller Blut. Bruno kann nicht glauben, was er getan hat – wie konnte es nur so weit kommen? Er muss das Blut wegwischen, Martha ist doch immer so reinlich. Und wie glücklich sie doch gewesen sind, ganz am Anfang ihrer Ehe, und nun liegt seine Martha mit eingeschlagenem Schädel tot im Bett. Wie konnte das nur passieren? Zwölf Tage später muss Bruno sich der Realität stellen, er kann die Leiche, die er inzwischen mit noch mehr Decken eingehüllt hat, nicht länger in der Wohnung behalten, weil sein Schwager sich zu Besuch angekündigt hat. Eigentlich will er sich aber gar nicht von der einst so geliebten Frau trennen. Er schleppt die Leiche daher auf den Dachboden in einen Verschlag, zuvor hat er den eingewickelten Körper noch fest mit Stricken umwunden, und versteckt ihn in einer dunklen Ecke zwischen altem Gerümpel. Dann wankt Bruno Schreiber die Treppe hinunter, er schafft es kaum zurück in die Wohnung, und greift sofort wieder zur Flasche. Seitdem er seine Frau totgeschlagen hat, betrinkt er sich täglich fast bis zur Besinnungslosigkeit. Am nächsten Tag kauft er Immortellen, die Lieblingsblumen seine Ehefrau, und hält eine Totenwache neben der Leiche, dabei streicht er ihr zärtlich über das reglose Gesicht. Mit diesem Ritual versucht er, seinen Kummer und seine unfassbare Schuld zu verarbeiten. Sie ist seine Frau, niemand sonst soll sie bekommen. Er hat ihr sogar ihre Lieblingsblumen gekauft, um ihr eine Freude zu machen. Warum wacht sie nicht endlich wieder auf, und alles ist so wie früher? Doch nichts wird mehr sein, wie es einmal war, Bruno hat sein Schicksal selbst besiegelt, mit seinem impulsiven und zügellosen Wesen, das ihn zu dieser brutalen, ungeplanten Tat getrieben hat.

Das Weihnachtsfest 1924 verbringt der Affektverbrecher Bruno Schreiber bei seinen Eltern, denen er vorschwindelt, dass Martha weggelaufen sei. Noch an Heiligabend ist er zur Polizei gegangen und hat sie als vermisst gemeldet, während die Nachbarn schon längst vermuten, dass er seine Frau umgebracht habe. Die Wände sind schließlich dünn, und die Streitigkeiten sind schon länger unüberhörbar gewesen. Schließlich rückt die resolute Mutter Brunos an, um in der Wohnung nach Hinweisen auf den Verbleib ihrer Schwiegertochter zu suchen. Ahnt sie schon das Unvorstellbare? Dass ihr Sohn zum Mörder geworden ist? War es Intuition, eine Vorahnung, auch auf den Dachboden zu gehen und nachzusehen, wo die entsetzte

Frau schließlich die bereits mumifizierte Leiche Marthas findet, während Bruno Schreiber gerade einen Abschiedsbrief schreibt, weil er sich gleich das Leben nehmen will? Weil er zu feige und zu schwach ist, sich zu seiner Tat zu bekennen? Doch die Polizei kommt ihm zuvor, und Bruno Schreiber muss weiterleben. Kommissar Trettin legt ihm traurig die Handschellen an, sein Freund schaut verschämt zu Boden, wagt es nicht, ihm in die Augen zu blicken. Aus Trettins Jacke ragt ein Briefumschlag heraus, es ist der Abschiedsbrief seines Freundes, den er nun verhaften muss, er, der „bekannte Kriminalkommissar", wie es in einer Zeitung heißt, ohne seinen Namen zu nennen, während man bei den Delinquenten grundsätzlich nie auf die Namensnennung verzichtet.

Bruno Schreiber sitzt vor den Richtern. Ein kleiner Mann mit einem zierlich geschnittenen Gesicht und klugen dunklen Augen. Gerichtsreporter „Sling" alias Paul Schlesinger hat ihn selbst so im Gerichtssaal wahrgenommen, diesen seltsamen Angeklagten mit dem ständig schwankenden Gemütszustand. Fünf Jahre Gefängnis ohne mildernde Umstände fordert der Staatsanwalt mit donnernder Stimme, doch die Geschworenen erkennen auf Totschlag und lassen mildernde Umstände walten. Am Ende wird Dr. Bruno Schreiber, der im Untersuchungsgefängnis versucht hat, sich mit 50 Aspirintabletten das Leben zu nehmen, zu dreieinhalb Jahren Zuchthaus verurteilt.

Bruno Schreiber hat die Strafe abgesessen – doch war sein Gewissen nach der Entlassung rein? Oder war da tatsächlich etwas in ihm, das er nicht steuern konnte, ein Impuls zur Gewalt, der schon Jahre vor der Bluttat in ihm geschlummert hatte? Sehr aufschlussreich ist eine länger zurückliegende Begebenheit aus Schreibers Studienzeit:

Es war im Jahr 1910, als es in der Nacht zum 27. Dezember in einem Abteil des Vorortzuges der Bahnstrecke Oranienburg – Berlin zu einem Zwischenfall kam, der einen Einblick in die wohl schon zu jenem Zeitpunkt impulsive und gewaltbereite Persönlichkeit Schreibers gibt. Damals endete sie jedoch nicht in einem Tötungsdelikt. Zwischen Schreiber und einem gewissen Herrn Hense war aus unbekanntem Grund ein Streit ausgebrochen, der zunächst in „Tätlichkeiten" Schreibers ausuferte. Jemand zog die Notbremse, und am nächsten Bahnhof sollte die Personalie des tobenden Delinquenten festgestellt werden. Doch Schreiber führte sich auf wie ein Berserker, weigerte sich, das Abteil zu verlassen, klammerte sich sogar mit beiden Händen an den Gepäckfachachsen fest. Der Bahnbeamte Rose konnte den Rasenden nur mithilfe eines anderen

1939 erhängt sich Bruno Schreiber in seiner Zelle in der JVA Moabit.

Beamten in das Stationsgebäude verbringen. Schreiber wurde wegen der Gewalttätigkeit im Zug von der Weiterfahrt ausgeschlossen und sollte das Bahnhofsgebäude verlassen. Als er sich erneut weigerte, musste er vom Zeugen Rose gewaltsam entfernt werden. Dabei stellte Schreiber dem Beamten unvermittelt ein Bein, beide Männer fielen hin, ebenso trat Schreiber Rose mehrfach in den Unterleib, schimpfte dabei wie ein Rohrspatz und bezeichnete den Mann als „Rowdy". Diese völlig unverhältnismäßige Reaktion mündete schließlich in einer Anklage vor Gericht, sodass Schreiber, der zu dieser Zeit ja noch Student war, vom Universitätsrichter wegen Vergehens der akademischen Sitte und Ordnung zu einer dreitägigen Karzerhaft verurteilt wurde, basierend auf einem Urteil des Berliner Schöffengerichts wegen Widerstands gegen die Staatsgewalt und öffentlicher Beleidigung.

Als Schreiber Jahre später schließlich vor dem Schwurgericht sitzt, ist Trettins Ruf als kompetenter, aber auch äußerst cholerischer Beamter in Berlin längst gefestigt. Trettin wird schließlich, wie viele seiner Kollegen, mit den Nationalsozialisten sympathisieren, manch einer verspricht sich so auch einen Ausweg aus dem leidigen Karrierestau bei der Berliner Polizei. Und während sein Freund Schreiber seine Haftstrafe verbüßt, wird Trettin zum Kriminalrat ernannt und zwei Jahre später zum Kriminaldirektor. Doch dann muss er sich unbeliebt gemacht haben und bei den Machthabern in Ungnade gefallen sein. Ein Korruptionsverfahren gegen ihn schwelt noch, als Trettin sich am 29. März 1939 angeblich im Untersuchungsgefängnis mit der altbekannten Adresse „Alt-Moabit 12 A" erhängt.

Hat Bruno Schreiber vom Tod seines Freundes erfahren? Wie ist sein Leben nach der Entlassung verlaufen, nach der Gewissheit, dass er einem Menschen das Leben genommen hat? Wir wissen es nicht. Zumindest ist er nicht mehr mit dem Gesetz in Konflikt gekommen. Der Mann, der seine Frau im Streit mit einem Hammer erschlug und sie anschließend mit Blumen schmückte, heiratete erneut. 1936 erfüllte sich schließlich sein sehnlichster Wunsch: Am 4. September 1936 kam der Sohn von Bruno Schreiber und Anna Maria Schreiber geb. Schüller, Peter Bernhard, in Düsseldorf zur Welt, wo Bruno trotz seiner dunklen Vergangenheit eine Stelle als Redakteur gefunden hat. Zu einem unbekannten Zeitpunkt ist die Familie Schreiber nach Gommern im heutigen Jerichower Land in Sachsen-Anhalt gezogen. Dort ist Doktor Bruno Schreiber am 3. Januar 1971 als unbedeutender Mann gestorben, für ihn wahrscheinlich die Höchststrafe.

TAXI INS JENSEITS

DER „NASSE FISCH“: EWALD VON SCHALEPANSKIS LETZTER FAHRGAST

16. Dezember 1929. Es ist ein nasskalter Montag, grau und trübe. In der Nacht hat es stark geregnet, und schon wieder lodern Regenwolken bedrohlich am Horizont. Am Morgen ist ein Arbeiter auf dem Weg zu seiner Wirkungsstätte in Blankenburg. Aber was ist das? Warum steht da auf dem Malchower Rieselfeld eine Kraftdroschke? Die vorderen und hinteren Lampen brennen ja noch, bemerkt der Mann, und da scheint auch noch ein Fahrer am Steuer zu sitzen, eingemummt in einem dicken Jackett, erkennbar an der typischen Schirmmütze. „Was macht der denn hier?“, murmelt der Arbeiter. „Bestimmt betrunken“, mutmaßt er weiter und entschließt sich, den Mann durch das geöffnete Fahrerfenster an der Schulter zu rütteln. Entsetzt schreckt er zurück, denn der Körper des vermeintlich Betrunkenen ist leblos. Ewald von Schalepanski ist tot. Erschossen in einer Horch-Kraftdroschke mit dem Kennzeichen I A 8053. Mitten auf einem abgelegenen Weg an der nordöstlichen Peripherie der Stadt, ganz in der Nähe der Wegkreuzung Malchow–Karow–Blankenburg.

Der verstörte Mann alarmiert so schnell es geht die Polizei, und sofort setzt sich die Maschinerie der kriminalistischen Untersuchung in Gang, nachdem die Mordkommission zügig am Tatort erschienen ist, in diesem Fall angeführt von Dr. Bartsch und Ludwig Werneburg. Letzterer gilt als Spezialist für Raubmordfälle. Die Beamten handeln bei der Bearbeitung aller Tötungsdelikten stets nach dem von Ernst Gennat geprägten Grundgedanken: „Am Tatort soll man nicht anfangen anzuordnen. Schon vorher Angeordnetes soll durchgeführt werden!" Alle wissen genau, was sie zu tun haben, und so werden die notwendigen Schritte routiniert durchgeführt, sei es, sich zunächst einen ersten allgemeinen Überblick zu verschaffen, den Tatort gründlich abzusuchen oder auch Lichtbilder aufzunehmen. Die Spurensicherung wird jedoch erheblich dadurch erschwert, dass der starke Regen in der Nacht die Aussicht auf verwertbare Spuren um das Fahrzeug herum zunichte gemacht hat. Die Brutalität der Tat, das Opfer auf dem einsamen Feld, all das ist verstörend und wirft viele Fragen auf. Zunächst sieht für die Beamten alles nach einem klassischen Raubmord aus. Doch der könnte natürlich auch fingiert worden sein, um von dem tatsächlichen Motiv abzulenken. Alles ist möglich. Ewalds Tagesverdienst in Höhe von über 60 Mark, die er in einer schwarzen Brieftasche aufbewahrte, ist jedenfalls verschwunden, ebenso alle persönlichen Ausweispapiere und auch seine Zulassung als Droschkenchauffeur. Der Täter muss sehr überlegt gehandelt haben, denn bis auf eine Fingerabdruckspur in dem Blut an der linken Fahrertür werden keinerlei Hinweise gefunden.

Nach Abschluss aller Untersuchungen, so auch die Obduktion des Toten durch Professor Strauß und Medizinalrat Dyrenfurth und der erkennungsdienstlichen Untersuchung des Wagens im Lichthof des Polizeipräsidiums, steht fest, dass es vor der Tat keinen Kampf gegeben hat und dass der oder die unbekannten Täter insgesamt drei Schüsse auf den unglücklichen Fahrer abgegeben haben. Zwei aus dem Wageninneren heraus durch das halb geöffnete Verbindungsfenster zum Fahrer, den letzten von der Fahrerseite aus. Im Wageninneren haben die Ermittler zwei Patronenhülsen gefunden, die dritte muss an der Tür abgeprallt sein und ist vermutlich in der Umgebung des Wagens verschwunden. Von der Tatwaffe, eine Selbstladepistole Kaliber 6,35 Millimeter, fehlt jegliche Spur, und auch auf die

Person des Täters gibt es keinerlei Hinweise. Die unterhalb des Wagens gefundene Zigarettenspitze aus Pappe sowie ein Kontrollzettel der Amtsstube des Berliner Arbeitsgerichtes bringen die Ermittlungen ebenfalls nicht vorwärts, der Reklameaufdruck eines Schanklokals auf der Zigarettenspitze lässt eher vermuten, dass sie dem Ermordeten gehörte, weil von Schalepanski dort regelmäßig seine Mahlzeiten einnahm. Und irgendwelche Rückschlüsse auf die Person zu ziehen, an die der Kontrollzettel ausgegeben wurde, ist nicht möglich, weil auf dem Zettel lediglich eine Nummer steht.

Der mörderische Angriff muss jedoch unvermittelt und für von Schalepanski völlig überraschend gekommen sein. In seinem verzweifelten Todeskampf hat er noch mit letzter Kraft auf die Bremse getreten und den Wagen zum Stillstand gebracht. Der Täter muss nach den ersten beiden Schüssen ausgestiegen sein, um dann von außen noch einen finalen Schuss auf den Fahrer abzugeben. Doch warum diese Brutalität, warum dieser Hass? Bestand vielleicht doch eine persönliche Beziehung zwischen Täter und Opfer?

Um das Tatmotiv herauszufinden, werden Ewald von Schalepanskis Person und Leben minutiös durchleuchtet, und es wird versucht, seine letzten Lebensstunden zu rekonstruieren. Der Tatzeitpunkt kann anhand von zuverlässigen Zeugenaussagen schließlich auf etwa zwei Uhr nachts festgelegt werden, zuletzt gesehen wurde von Schalepanski von einem Arbeitskollegen zwischen 24 und ein Uhr am Reichskanzlerplatz und später noch von einem Feuerwehrmann auf dem Weg von Weißensee nach Malchow gegen 1:45 Uhr. Im weiteren Verlauf der Ermittlungen stellt sich allerdings heraus, dass der Tote nur am Steuer seines Fahrzeugs überaus pflichtbewusst, vorsichtig und vor allem seriös war. Ewald von Schalepanski hatte außerhalb seines Taxis vor allem eine Mission: Er wollte eine reiche Frau finden und heiraten, um sich so ein angenehmes Leben in Saus und Braus zu finanzieren. Der Name von Schalepanski war ebenfalls nur Fassade, weil er gar nicht sein Geburtsname war. Der vermeintliche Adlige, der gerne auch als „Baron von Schalepanski" im Berliner Westen unterwegs war, wollte damit die Damenwelt beeindrucken, sie ködern, um dann mit dem Geld einer getäuschten Ehefrau den Lebemann zu spielen. Konnte diese Gemeinheit gut gehen? Wohl kaum, denn bei einem solchen Plan muss mit Widrigkeiten gerechnet werden. Dass die große Widrigkeit in diesem Fall der Tod sein würde, kommt jedoch eher selten vor.

Als Ewald Pordom wurde er geboren, der Mann, der als toter Gigolo in einer Kraftdroschke auf einem abgelegenen Feld außerhalb von Berlin enden sollte. Dessau war seine Geburtsstadt, und eigentlich stammte er aus sehr vermögendem Hause. Als Sohn des Wiesbadener Medizinalrats und Badearztes Dr. Gustav Pordom und dessen Ehefrau Laura von Schalepanski waren Kindheit und Jugend ohne finanzielle Sorgen im Hause Pordom verlaufen. Ewald Pordoms Leben ging zunächst seinen vorgezeichneten Gang, reell, seriös, zeitgemäß heroisch, als der Erste Weltkrieg in Europa tobte. Nach der Kriegsmatura war er zügig und willig als Ulanenritter in den Krieg gezogen, sein Lohn war das Eiserne Kreuz 1. Klasse. Noch in Uniform heiratete er am 23. März 1918 in Berlin Jocunda Wolfsohn geb. Hirschfeld. Dabei waren prominente Trauzeugen auf dem Standesamt anwesend: der Rechtsanwalt Julius Jandorf, ein Bruder des KaDeWe-Gründers Adolf Jandorf, und Dr. Willi von Liebermann, dessen Cousin der Maler Max Liebermann war. Die Familie Liebermann hatte ihren Reichtum einer Fabrik für maschinellen Kattundruck zu verdanken, der ersten überhaupt in Deutschland, die Willi von Liebermanns Großvater gegründet hatte. Den Namen von Schalepanski oder Pordom erwähnte von Liebermann in seinen Lebenserinnerungen jedoch nicht. Im Jahr 1918 hatte er ganz andere Sorgen, weil seine Ehe schon länger durch die Affäre seiner Ehefrau mit dem Schriftsteller Ludwig Thoma überschattet wurde.

Nach Kriegsende entschied sich der ehemalige Landwirt Ewald Pordom, der zudem Mitbesitzer einer Kaligrube gewesen war, nach Berlin zu ziehen, wo bereits seine Tante, die Schwester seiner Mutter, lebte. Die Kunstmalerin Elma von Schalepanski würde ihn 1928 sogar adoptieren, sodass er sich legal umbenennen durfte. Sein Bruder Hans, Direktionssekretär bei einer Automobilfirma, wohnte ebenfalls in der Hauptstadt, außerdem hatte er noch zwei Schwestern, die in Halle und in Rastenburg verheiratet waren. Doch die Großstadt, in der er sich sein Glück erhoffte, wurde ihm zum Verhängnis. Zunächst bemühte er sich noch um ein redliches Leben. Dann aber scheiterte seine erste Ehe, und Ehefrau Nummer Zwei wurde am 28. Juli 1923 in Wiesbaden Sophie Johanna Maria Müller. Diese Verbindung hielt immerhin fünf Jahre. Doch Ewald plagten finanzielle Sorgen, von seinem Vermögen war nichts mehr übriggeblieben, dafür hatte vor allem seine erste Ehefrau gesorgt, die das Geld mit vollen Händen ausgeben hatte. Immer öfters kam es zum Streit mit Sophie, bis auch diese Ehe unversöhnlich endete. Mittlerweile war Ewald in Berlin heimisch geworden, der lebenslustige Mann fand dort unzählige Möglichkeiten, seine Freizeit möglichst angenehm zu gestalten. Doch ihm fehlte das nötige Kleingeld, um das Leben unter den Reichen und Schönen zu finanzieren. Eine vermögende Braut musste her, dachte sich Ewald, und verfolgte dieses Ziel stringent, dabei ließ er leichte Anklänge an eine potenzielle Hochstaplerkarriere erkennen. Leichtsinnig soll er als Heranwachsender gewesen sein, der sich mit zahlreichen Streichen früh die Zuneigung seiner Eltern verscherzte und sich zeitweise auch mit seinem Bruder überwarf – so hatten schon, wie wir wissen, etliche Hochstaplerkarrieren angefangen. Doch letzten Endes war er nicht raffiniert und abgebrüht genug, um den entscheidenden letzten Schritt zu gehen, denjenigen nämlich, der vollständig in die Welt der Kriminalität führt.

Am 6. Dezember 1928 schien Ewald es dann doch geschafft zu haben, auch ohne schiefe Bahn. Das von ihm erträumte Glück mit viel Wein, Weib und Gesang, aber wenig Arbeit, war zum Greifen nah. Seine neue Braut? Tatsächlich eine veritable

Adlige, Waltraute Freiin von Hewaldt, die er in Charlottenburg heiratete. Doch die Aussicht auf das fremd finanzierte Lotterleben blieb nur ein Traum, denn diese Ehe wurde in Rekordzeit, nämlich nach nur sechs Monaten geschieden. Und diesmal war tatsächlich Ewald schuld. Seine Lebenslust kannte mittlerweile keine Grenzen mehr, die Großstadt hatte ihn wie ein Sog verschlungen und wollte ihn nicht mehr freigeben. Wie im Rausch bewegte er sich in den selbst gewählten Kreisen der Gesellschaft, sonnte sich im Glanz der Kristallleuchter, die die Tanzsäle erhellten. Doch gepaart mit schlechten Charaktereigenschaften, die ihm später fast alle Zeugen in dem Mordfall bescheinigen sollten, war das eine gefährliche Kombination. Mittlerweile hatte er sich – in Ermangelung einer neuen reichen Ehefrau – im Berliner Westen an ein festes Ritual gewöhnt. Notgedrungen arbeitete er als Taxifahrer bei der Grüntax GmbH, das aber zumeist abends oder nachts, dort galt er als zuverlässig und überaus vorsichtig. Anschließend schlief er bis mittags, machte sich dann frisch und ausgeruht ausgehfein und suchte beschwingt und gut gelaunt in einschlägigen Hotels oder Konditoreien bei Tee, Tanz und Torte Anschluss an vermögende Damen, deren Zustrom auch nicht lange auf sich warten ließ, da der „Gigolo", wie ihn die Polizei in ihren Berichten auch nannte, über ein einnehmendes Wesen und ein gutes Aussehen verfügte.

Doch war sein Tod tatsächlich ein Raubmord? Oder steckte vielleicht noch etwas anderes dahinter? Tatsächlich hat die Kriminalpolizei mehrere Anhaltspunkte. Der Mörder könnte aus dem Homosexuellenmilieu stammen, vermutet Ewalds Bruder, doch es bleibt nur bei dem Verdacht. Die Beamten mutmaßen auch über Streitigkeiten mit eifersüchtigen Ehemännern, was bei Ewalds Lebenswandel nicht unbedingt abwegig war und sich tatsächlich auch durch Zeugenaussagen belegen lässt. Denn nicht jeder gehörnte Ehemann der verheirateten Damen, die sich mit von Schalepanski einließen, schwieg betreten, um einen Skandal zu vermeiden. Manche suchten die

Konfrontation, und das im Zweifelsfall mit den Fäusten. Aber auch die Möglichkeit, dass von Schalepanski seine Beziehungen zu den diversen Damen zu erpresserischen Zwecken ausgenutzt haben könnte, können die Beamten keinesfalls ausschließen, der Mann ist schließlich schon irgendwie dubios gewesen. Doch es ist jedes Mal dasselbe: immer nur Mutmaßungen, aber nie Beweise. Und dann ist da auch noch die verheiratete Frau Röchling, Gattin eines wohlhabenden Industriellen aus Saarbrücken, die ihre Beziehung zu dem lebenslustigen Gigolo hatte lösen wollen und auf die nun auch ein mehr als leiser Verdacht fällt. Sie hätte ein Motiv gehabt: die Furcht vor der Erpressung durch ihren einstigen Geliebten. Plaudern aus dem pikanten Nähkästchen. Die Liebe war offenbar schon stark erkaltet, zumindest seitens der Dame. Die Situation war bald eskaliert, die Frau hatte sich sogar durch ihre Hausangestellten verleugnen lassen, wenn von Schalepanski wieder einmal mit einem Strauß roter Rosen vor der Tür stand und Einlass begehrte. War der Verschmähte wirklich so unverfroren gewesen, sie zu erpressen? Und hatte Frau Röchling vielleicht Rache geschworen und ihren Ex-Liebhaber aus dem Weg räumen lassen? Hatte sie jemanden damit beauftragt? Es muss äußerst frustrierend für die Beamten gewesen sein, als sich auch diese Mutmaßungen nicht verifizieren ließen. Es erscheint ihnen allerdings unwahrscheinlich, dass Frau Röchling, die Bewohnerin eines vornehmen Mietshauses, durchnässt und mit verschmutzten Schuhen im Morgengrauen nach Hause zurückgekehrt sein könnte – und das von einem Ort, den sie mit Sicherheit gar nicht kannte. Hier hätte nur jemand in ihrem Auftrag handeln können. Aber Nachforschungen im Bekanntenkreis der Frau anzustellen, das rechtfertige das Material nicht, heißt es auch im Schlussbericht des Falles, und die Dame beschatten zu lassen, hätte zu hohe Kosten verursacht. Aber da ist noch die mysteriöse Engländerin Miss Painton, die ebenfalls mehrmals genannt wird. Auch zu ihr hatte Ewald im Sommer 1929 eine Beziehung unterhalten, und zwar, als die Lady noch verheiratet war, was sogar dazu führte, dass Ewald im Juli nach London gereist war, um sie zu besuchen. Danach folgten noch gemeinsame Tage in Ostende. Doch die Eskapade der Miss Painton blieb ihrem Ehemann nicht verborgen, er entdeckte mehrere an seine Frau gerichtete Briefe mit dem Absender „Villa Roseaux, chambre d'amour, Anglet Basses Pyrénées“, geschrieben am 14. und am 30. September 1929. Für Frau Painton hatte das die Scheidung zur Folge, und schnell wurde aus der „Mrs.“ wieder die „Miss“. Und wurde auch das blumige „chambre d'amour“, das „Liebeszimmer“, eher die Abstellkammer für Ewald, vor allem, als er zu seinem Leidwesen erfahren musste, dass die Dame bereits Kinder hatte. Und für die hatte er nun einmal gar kein Herz.

So schrumpft die Chance der Beamten, den Fall doch noch zu lösen, von Tag zu Tag. Schließlich bleibt ihnen nur noch die Möglichkeit, Vergleiche mit anderen Mord- und

Bei festlichen Veranstaltungen wie hier beim Fünfuhrtee im Hotel Eden ging von Schalepanski gern auf „Beutejagd“.

Raubmordüberfällen aus der jüngeren Vergangenheit anzustellen, um mögliche Parallelen zu ihrem aktuellen Fall zu finden. So schnell gibt doch eine Berliner Kriminalpolizei nicht auf! Und tatsächlich: Es hatte ähnliche Raubüberfälle auf Kraftwagenführer gegeben, so am 9. November 1929 in Oldenburg, am 15. November 1929 in Leipzig und am 1. Dezember 1929 in Hellensen im Bezirk Hannover. Bei allen drei Fällen war das Opfer ebenfalls an einem einsam gelegenen Ort in Raubabsicht überfallen worden, was für den Leipziger Fahrer ebenfalls tödlich endete. Die Mordwaffe war in diesem Fall jedoch keine Pistole, sondern eine Stichwaffe. So können die ratlosen Beamten nur noch eine Bitte um Benachrichtigung an die örtliche Polizei richten, falls einer der Täter festgenommen werden sollte. Doch die Hoffnung bleibt unerfüllt.

Am 27. Februar 1930 schließt sich endgültig der Aktendeckel dieses mehr als rätselhaften Falles. 123 Hinweisen aus der Bevölkerung sind die Beamten nachgegangen, unzählige Zeugen haben sich in endlosen Stunden bei Befragungen auf dem Präsidium die Klinke in die Hand gegeben. Doch letzten Endes müssen die Kriminalkommissare erkennen, dass sie diesmal verloren haben: Der „nasse Fisch“ kann frisch und frei neue in neue kriminelle Gewässer schwimmen. Dorthin, wo ihn nie jemand fangen wird – der oder die Täter würden niemals zur Rechenschaft gezogen werden. Raubmord, Racheakt oder Beziehungstat, man würde es nie erfahren. Schweren Herzens und widerwillig wird Kriminalpolizeirat Gennat angeordnet haben, die beiden Aktenbände „Spuren“ und die drei Bände „Ehescheidungsakten“ des Landgerichts III dem Oberstaatsanwalt zur Archivierung zu übersenden und die Verwahrstücke der weiteren Verfügung zu unterstellen.

Ein Jahr später wird die großzügige Regelung über die Weitergabe von polizeilichen Informationen an die Presse, die in diesem Fall zu zahlreichen Meldungen aus der Bevölkerung geführt hat, von Polizeipräsident Kurt Melcher außer Kraft gesetzt. So gab es auch nie eine Zeitungsmeldung über einen verdächtigen Friseur namens Artur Snay, der im April 1930 zusammen mit einem Komplizen in der Schönhauser Allee einen Chauffeur überfallen und ihm 75 Mark geraubt hatte. Doch auch der dubiose Figaro musste letzten Endes aus Mangel an Beweisen wieder freigelassen werden. Der „nasse Fisch“ war ganz schön störrisch. Und unerbittlich.

„Mordseuche! Locker sitzt das Messer in der Tasche und der Revolver geht förmlich von selbst los.“ Sensationsheischende Übertreibung oder Wahrheit? Jedenfalls ist es nicht das erste Mal, dass eine Tageszeitung, in diesem Fall die *Salzburger Wacht*, drastisch auf unhaltbare Zustände aufmerksam machen will, die im Jahr 1932 Jahr im In- und Ausland an der Tagesordnung sein sollen. Bei vielen Kriminellen in ganz Europa ist die Hemmschwelle anscheinend zunehmend gesunken, man fackelt nicht mehr lange, und schon liegt ein Toter auf dem Boden. Auch in Berlin sind die Kriminalbeamten im Präsidium mehr als gefordert, wenn es darum geht, brutalste Fälle aufzuklären. Mitunter müssen sie unter Hochdruck durchschnittlich einen Mordfall pro Tag bearbeiten, zumeist sind sie erfolgreich.

Am 7. Februar 1932 berichtete auch die Wiener Zeitung *Der Abend* von verschiedenen Fällen aus Berlin, die alle der Aufklärung harrten. Der Höhepunkt der Mordseuche schien erreicht, wenn schon Zeitungen im fernen Ausland ausführlich darüber berichteten. Besonders tragisch waren zu dieser Zeit rätselhafte Lustmorde, die oft verstörend genau an den „Schlächter vom Schlesischen Bahnhof“ Carl Großmann erinnerten, der Jahre zuvor in Berlin sein grauenhaftes Unwesen getrieben hatte. Aber eben auch eine neue Zielgruppe der brutalen Raubmörder war entstanden: die Berliner Taxifahrer, die man damals noch Chauffeure nannte, und die des Nachts in ihren Kraftdroschken nicht mehr sicher waren. Die Fälle häuften sich, sodass der „Verband der Berliner Chauffeure“ Präventivmaßnahmen einführen musste, um seine Fahrer zu schützen. Man riet ihnen dringend dazu, nachts keine Fahrten annehmen, die sie außerhalb von Berlin führten, und vor allem sollten sie nie hohe Geldsummen bei sich tragen. Ebenso hatte man beim Polizeipräsidium für sie den Antrag auf die Erlaubnis zum Mitführen einer Waffe gestellt.

Für Ewald von Schalepanski kamen alle präventiven Vorsichtsmaßnahmen für die sichere Ausübung seines Berufes zu spät.

LITERATUR UND QUELLEN

LITERATUR

Aschaffenburg, Gustav: Das Verbrechen und seine Bekämpfung. Einleitung in die Kriminalpsychologie für Mediziner, Juristen und Soziologen. Ein Beitrag zur Reform der Strafgesetzgebung. Heidelberg, 2. verbesserte Auflage 1906.

Boehncke, Heiner/Sarkowicz, Hans: Die Metropole des Verbrechens. Räuber und Gauner in Berlin und Brandenburg. Frankfurt a. M. 1997.

Bundeszentrale für politische Bildung: Kriminalität und Strafrecht (Informationen zur politischen Bildung 306). Bonn 2018.

Der Polizeipräsident von Berlin/Landeskriminalamt: Festschrift 75 Jahre Mordinspektion in Berlin 1926–2001. Berlin 2001.

Dettmann, Albert: Gehetzt und verfemt. Aufzeichnungen und Erlebnisse während meiner Tätigkeit bei der Berliner Kriminal-Polizei. 1. Buch: Die Ein- und Ausbrecherkönige Gebrüder Strauß. Berlin 1927.

Engelbrecht, Ernst: Fünfzehn Jahre Kriminalkommissar. Ernstes und Heiteres aus meiner kriminalistischen Berufspraxis. Berlin-Schöneberg 1930.

Engelbrecht, Ernst/Leo Heller: Berliner Razzien. Neu-Finkenkrug bei Berlin. Berlin 1924.

Frey, Erich: Ich beantrage Freispruch! Die Erinnerungen des berühmten Berliner Strafverteidigers. Berlin 2019 [Neuauflage].

Friedensburg, Ferdinand: Die Weimarer Republik. Berlin 1946.

Friedländer, Hugo: Interessante Kriminal-Prozesse von kulturhistorischer Bedeutung, Band 9. Berlin 1913.

Füllgrabe, Uwe: Kriminalpsychologie. Täter und Opfer im Spiel des Lebens. Kerzenheim, 3. vollständig revidierte Auflage 2016.

Gundolf, Hubert: Verbrecher von A–Z. Über 1000 Kurzbiographien der bekanntesten Verbrecher aus 30 Staaten der Welt. Hamburg 1966.

Hackert, Fritz/Westermann, Klaus (Hg.): Joseph Roth. Werke. Band 2: Das journalistische Werk 1924–1928. Frankfurt a. M. 1994.

Heindl, Robert: Polizei und Verbrechen (Die Polizei in Einzeldarstellungen, Band 4). Berlin 1926.

Heller, Leo: Aus Ecken und Winkeln. Düstere und heitere Großstadtbilder (Arena-Bücherei Nr. 8). Dresden 1924.

Hermann, Georg: Kubinke. Berlin 1910.

Heymann, Robert: Das Verbrechen. Eine Sittengeschichte menschlicher Entartung. Band 1: Sexualverbrecher. Leipzig 1930.

Hirschfeld, Hans Emil/Vetter, Karl (Hg.): Tausend Bilder. Große Polizei-Ausstellung Berlin 1926. Berlin 1927.

Klatt, Detloff: Das Los der Vorbestraften. Berlin 1926.

Levy-Lenz, Ludwig (Hg.): Sexual-Katastrophen. Bilder aus dem modernen Geschlechts- und Eheleben. Leipzig 1926.

Liang, Hsi-Huey: Die Berliner Polizei in der Weimarer Republik. Berlin 1977.

Manolescu, Georges: Fürst Lahovary. Mein abenteuerliches Leben als Hochstapler. München 2020 [Neuauflage].

Otten, Karl: Der Fall Strauß (Außenseiter der Gesellschaft, Band 7). Berlin 1925.

Piper, Ernst (Hg.): Willy Ritter Liebermann von Wahlendorf: Erinnerungen eines deutschen Juden 1863–1936. München 1988.

Pollak, Hans: Tatort Mulackritze. Berliner Unterwelt in den zwanziger Jahren. Berlin 1993.

Seul, Jürgen/von Olenhusen, Albrecht Götz (Hg.): Erich Wulffen – Zwischen Kunst und Verbrechen. Kriminalpsychologische Aufsätze und Essays. Berlin 2015.

Sling (d. i. Paul Schlesinger): Richter und Gerichtete. Gerichtsreportagen. München 1969.

Sling (d. i. Paul Schlesinger): Der Fassadenkletterer vom Kaiserhof. Berliner Kriminalfälle aus den zwanziger Jahren. Hg. von Ruth Greuner. Berlin 1990.

Sommerfeld, Adolf: Die Tanzdiele am Kurfürstendamm. Krimi aus dem dunklen Berlin. Berlin 1993 [Neuauflage].

Sticher, Birgitta: Polizei- und Kriminalpsychologie. Psychologisches Basiswissen für die Polizei. Frankfurt a. M., 2. Auflage 2007.

Stürickow, Regina: Mörderische Metropole Berlin. Authentische Fälle 1914–1933. Leipzig 2004.

Wulffen, Erich: Manolescu und seine Memoiren. Kriminalpsychologische Studie. Berlin-Groß Lichterfelde-Ost 1907.

Wulffen, Erich: Verbrechen und Verbrecher. Berlin 1925.

Wulffen, Erich: Der Sexual-Verbrecher. Ein Handbuch für Juristen, Polizisten, Polizei- und Verwaltungsbeamte, Mediziner und Pädagogen. Berlin, 11. Auflage 1928.

Wulffen, Erich: Die Psychologie des Hochstaplers. Berlin 2018 [Neuauflage].

ARCHIVBESTÄNDE

Archiv des Evangelischen Krankenhauses Herzberge in Berlin-Lichtenberg (Patientenakte Georges Manolescu)

Archiv Landkreis Jerichower Land (Bruno Schreiber)

Jüdische Gemeinde Dresden, Geburten 1865–1890, Mikrofilmarchiv der Mormonen (Family History Library), Film-Nr. 1184475

Landesarchiv Baden-Württemberg, Abt. Generallandesarchiv Karlsruhe; Badisches Staatsministerium, Generalia, Verbrechen (Fritz Landau)

Landesarchiv Berlin, A Rep. 003-04-04 Nr. 9931 und 9932 (Wittenauer Heilstätten der Stadt Berlin, Patientenakte Bruno Gerth); A Rep. 030-03 Nr. 928 und 1997 (1924 Sexualmorde in Berlin, Schleiermacherstraße 15, Täter: Bruno Gerth); A Rep. 030-03 Nr. 926 (Ewald von Schalepanski)

Landesarchiv NRW, Abt. Westfalen, Archivsignaturen Q 923/JVA Münster, Nr. 5595: Gefangenenpersonalakte Emil Strauß sowie Q 923/JVA Münster, Gefangenenkartei St-V, Karteikarte Nr. 8442 und K 700 Hm/Polizeipräsidium Hamm, Nr. 2145

NYC Health Department, Office of Vital Records, 125 Worth Street, CN4, New York, NY 10013-4090 (Max Schiemangk)

Sächsisches Staatsarchiv. Staatsarchiv Leipzig. Bestand 20036, Zuchthaus Waldheim, Akten Nr. 03011, Nr. 02925 und Nr. 02918 (Anni Sanneck) sowie Nr. 01771 (Fritz Landau)

Stadtarchiv Dresden, Gewerbeamt A, Bürger- und Gewerbeakten, Signatur 2.3.9 Nr. L 183 (Familie Landau)

Stadtarchiv Lindau am Bodensee (Standesamt Hoyren)

Universitätsarchiv der Humboldt-Universität zu Berlin, Akte UR.01.Nr. 2571 (Bruno Schreiber)

INTERNETQUELLEN

https://www.aerzteblatt.de/archiv

Archiv Deutsches Ärzteblatt

https://www.ancestry.de

https://www.familysearch.org/de

https://www.findmypast.co.uk

https://www.myheritage.de

Ahnenforscherportale (inklusive Standesamtsregister, Passagierlisten, Volkszählungsregister etc.)

http://www.auschwitz.org/en/museum/auschwitz-prisoners/

Museum Auschwitz (mit Datenbank Gefangene in Auschwitz)

https://www.britishnewspaperarchive.co.uk

Britisches Zeitungsarchiv

https://edoc.hu-berlin.de/handle/18452/397

Amtliches Verzeichnis des Personals und der Studierenden der Königlichen Friedrich-Wilhelms-Universität zu Berlin. Verschiedene Jahrgänge

https://www.gravestonephotos.com/public/cemeterylist.php?cemetery=3262&limit=101

Grabsteinfoto Georges Manolescu:

https://www.psychomeda.de/lexikon/

Lexikon der Psychologie

https://www.sammlungen.hu-berlin.de/objekte/lautarchiv/21199/

Humbold-Universität zu Berlin, Lautarchiv

https://www.textlog.de/tucholsky-das-nachtgespenst.html

Kurt Tucholsky: Das Nachtgespenst

LITERATUR UND QUELLEN

ZEITSCHRIFTEN

Berliner Leben / Der Junggeselle / Die Polizei / Die Weltbühne / Jugend / Kriminalistik / ZEIT Verbrechen

ZEITUNGEN

Altonaer Nachrichten / Arbeiter-Zeitung / Berliner Tageblatt / Berliner Volkszeitung / Berliner Zeitung / Der Deutsche Correspondent / Der sächsische Erzähler / Die tageszeitung (taz) / Dresdner neueste Nachrichten / Het Vaderland / Illustrierte Kronenzeitung / Leipziger Tageblatt / Neue Freie Presse / Neues Wiener Journal / Neues Wiener Tagblatt / New York Times / (Linzer) Tagespost / Prager Tagblatt / Riesaer Tageblatt / Salzburger Chronik für Stadt und Land / Salzburger Volksblatt / Schweizer Hotelrevue / Der Wiener Tag / Vorwärts